Matthias Lehnherr
Josef Brägger
Martin Dettli
Peter Fluri
Anton Heinz
Berchtold Lehnherr
Anne Pickhardt
Hansjörg Rüegg
Hans-Ulrich Thomas

# Imkerhandwerk

**Band 1**

Fachschriftenverlag des Vereins deutschschweizerischer und rätoromanischer Bienenfreunde

## Dank

Der Zentralvorstand des VDRB, die Buchkommission und die Projektleitung danken
- den Autorinnen und Autoren für ihr grosses, persönliches und zeitliches Engagement, ihre Ausdauer bei der Textarbeit und ihren Fleiss beim Zusammentragen und Auswählen des grossen Fachwissens,
- den Textleserinnen und -lesern für ihre wichtige Arbeit im „Verborgenen",
- den Mitarbeiterinnen und Mitarbeitern des Zentrums für Bienenforschung Liebefeld für ihre begleitende Beratung,
- der Gestalterin und dem Gestalter für die konstruktive, angenehme Zusammenarbeit und ihre kreative, kompetente, formgebende Arbeit,
- den Fotografinnen und Fotografen für ihre einmaligen Bildbeiträge aus nah und fern,
- den Lektorinnen und der Korrektorin für ihre kritischen und klärenden Textkorrekturen.

## Impressum

*Zentralvorstand VDRB:* Hanspeter Fischer (Präsident), Berchtold Lehnherr, Heinrich Leuenberger, Hans Maag, Hansjörg Rüegg, Gebhard Seiler, Hans-Georg Wenzel

*Buchkommission:* Hansjörg Rüegg (Vorsitz), Peter Fluri, Christoph Joss, Matthias Lehnherr, Markus Schäfer, Gebhard Seiler

*Projektleitung:* Matthias Lehnherr (Gesamtleitung) und Markus Schäfer
*Redaktion Band 1:* Matthias Lehnherr
*Korrektorat:* Annemarie Lehmann

*Gestaltung:* Wiggenhauser & Woodtli, Zürich
*Scanbelichtungen und Druck:* Trüb-Sauerländer AG, Aarau

© Fachschriftenverlag VDRB
17., neue Auflage 2001

Alle Rechte vorbehalten.
Nachdruck oder Vervielfältigung des Buches oder von Teilen daraus nur mit ausdrücklicher Genehmigung des Verlages.

Fachschriftenverlag VDRB
Postfach 87
6235 Winikon
www.vdrb.ch

ISBN 3-9522157-0-8

Die Deutsche Bibliothek – CIP-Einheitsaufnahme
Der schweizerische Bienenvater / Verein Deutschschweizerischer und Rätoromanischer Bienenfreunde. Winikon : Fachschriftenverl. VDRB
ISBN 3-9522157-9-5

Bd. 1. Imkerhandwerk / Matthias Lehnherr ... - 17., neue Aufl.. - 2001
ISBN 3-9522157-0-8

**Der Schweizerische Bienenvater** erschien erstmals 1889, im Selbstverlag der Verfasser J. Jeker, U. Kramer, P. Theiler. Die Autoren veröffentlichten in dieser **Praktischen Anleitung zur Bienenzucht** ihre Vorträge, die sie an Lehrkursen über Bienenzucht gehalten hatten.

Der „Schweizerische Bienenvater" hatte Erfolg. Durchschnittlich alle sieben Jahre erschien eine Neuauflage. Der Inhalt wurde dabei oft überarbeitet und erneuert. Zweimal seit seinem Erscheinen wurde das Standardlehrwerk vollständig neu geschrieben: 1929 (11. Auflage) von Dr. h.c. Fritz Leuenberger und 2001 (17. Auflage) von einem grossen Autorinnen- und Autorenteam.

Diese 17. Auflage erscheint erstmals in fünfbändiger Form, umfasst rund 550 Seiten und ist thematisch völlig neu gewichtet:

**Band 1**
Imkerhandwerk
Einer Imkerin und einem Imker über die Schulter geguckt – Aufbau einer Imkerei – Ökologische und ökonomische Bedeutung der Imkerei – Pflege der Völker im Schweizerkasten und im Magazin – Wanderung – Waben und Wachs – Massnahmen bei Krankheiten – Organisationen der Imkerei

**Band 2**
Biologie der Honigbiene
Anatomie und Physiologie – Drei Wesen im Bienenvolk – Lebenszyklus des Volkes und Massenwechsel – Lernfähigkeit und Verständigung – Krankheiten und Abwehrmechanismen

**Band 3**
Königinnenzucht und Genetik der Honigbiene
Einem Königinnenzüchter über die Schulter geguckt – Technik der Zucht – Begattung der Königin – Königinnen verwerten – Vererbungslehre – Züchtungslehre – Erbgut der Honigbienen in Mitteleuropa – Organisation der Züchterinnen und Züchter

**Band 4**
Bienenprodukte und Apitherapie
Honig, eine natürliche Süsse – Pollen, eine bunte Vielfalt – Bienenwachs, ein duftender Baustoff – Propolis, ein natürliches Antibiotikum – Gelée Royale, Futtersaft mit Formkräften – Bienengift, ein belebender und tödlicher Saft – Apitherapie

**Band 5**
Natur- und Kulturgeschichte der Honigbiene
Naturgeschichte: Insekten, die unterschätzte Weltmacht – Bienen Wespen – Ameisen – Was kreucht und fleucht ums Bienenhaus? Kulturgeschichte: Ursprungsmythen und Symbolik – Vom tausendfältigen Wachs – Geschichte der europäischen Bienenhaltung und -forschung

## Inhalt

| | | |
|---|---|---|
| | Bildnachweis | 6 |
| 1 | Beim Imkern über die Schulter geguckt *(Berchtold Lehnherr)* | 7 |
| 1.1 | Es lebe die Tradition | 8 |
| 1.2 | Die Stunden darf man nicht zählen | 11 |
| 2 | Aufbau einer Imkerei *(Josef Brägger, Matthias Lehnherr)* | 13 |
| 2.1 | Wie wird man Imkerin oder Imker? | 14 |
| 2.2 | Bienenhaus oder Freistand? | 19 |
| 2.3 | Schweizerkasten oder Magazin? | 21 |
| 2.4 | Imkerwerkzeuge | 26 |
| 3 | Bedeutung der Bienenhaltung *(Anne Pickhardt, Peter Fluri)* | 29 |
| 3.1 | Bestäubung | 30 |
| 3.2 | Ökonomischer Wert der Bienenhaltung | 32 |
| 4 | Pflege der Völker *(Matthias Lehnherr, Anton Heinz, Martin Dettli)* | 35 |
| Teil 1 | Alle Kastensysteme | 36 |
| 4.1 | Übersicht | 36 |
| 4.2 | Auswinterung | 38 |
| 4.3 | Aufbau – Wabenbau | 45 |
| 4.4 | Schwarmzeit – Vermehrungszeit | 47 |
| 4.5 | Frühjahres-Honigernte | 56 |
| 4.6 | Zwischentrachtpflege | 59 |
| 4.7 | Sommertracht, Sommertrachternte und Herbstkontrolle | 60 |
| 4.8 | Auffütterung und Vereinigung | 61 |
| 4.9 | Einwinterung und Winterkontrollen | 63 |
| 4.10 | Bio-Imkerei | 65 |
| Teil 2 | Schweizerkasten | 66 |
| Teil 3 | Magazin | 76 |

| | | |
|---|---|---|
| 5 | Wanderung *(Anton Heinz, Matthias Lehnherr)* | 87 |
| 5.1 | Theoretischer Wanderplan | 88 |
| 5.2 | Wanderbeuten und Wanderstände | 90 |
| 5.3 | Organisation der Wanderung | 91 |
| 6 | Waben und Wachs *(Hans-Ulrich Thomas)* | 93 |
| 6.1 | Wachs aus Waben gewinnen | 94 |
| 6.2 | Wabenschutz | 98 |
| 6.3 | Waben vor Wachsmotten schützen | 100 |
| 7 | Massnahmen bei Krankheiten *(Matthias Lehnherr, Martin Dettli)* | 103 |
| 7.1 | Brutkrankheiten | 104 |
| 7.2 | Erkrankungen von Brut und Bienen | 108 |
| 7.3 | Erkrankungen der erwachsenen Bienen | 112 |
| 7.4 | Königinnenbedingte Probleme | 113 |
| 8 | Organisationen im Dienste der Bienenzucht *(Hansjörg Rüegg)* | 115 |
| 8.1 | Übersicht | 116 |
| 8.2 | Tätigkeiten des VDRB | 117 |
| | Quellen | 118 |
| | Weiterführende Literatur | 118 |
| | Register | 119 |

## Bildnachweis

**29** Barth, F. (1982): Biologie einer Begegnung. Deutsche Verlags-Anstalt. S. 25; **24, 25, 26, 49, 52, 54, 57, 58** Bienen Meier, Künten; **45, 102** Binder-Köllhofer, B.; **68, 90** Brägger, J.; **87** Dettli, M.; **36, 86** Gekeler, W.; **92** Gensetter, L.; **91** Hättenschwiler, J.; **127** Hublard, M.; **8** Ineichen, O.; **60, 70, 71** Joss, Ch.; **13 o** Kling/Eppens; **50, 51** Kober, Th.; **30** Künstlergesellschaft Zürich, Neujahrsblatt (Bd. 36, 1876): Bauer vor seinem Bienenstock. Bodmer, Heinrich (1870); **3, 5, 6, 10, 20, 37, 63, 74, 81** Lehnherr, B.; **1, 2, 11, 12, 15, 16, 17, 23, 33, 35, 55B, 56, 64, 65, 66 r, 69, 72, 82, 89, 96, 99 o, 103, 107, 118, 123, 125, 126** Lehnherr, M.; **18, 21** Lehnherr, M. (2000): Imkerbuch. Basel: Aristaios-Verlag. S. 18, 19; **85** Lieske, H.; **9** Maag, H.; **48, 49** nach Pfefferle, K.; **7** Rechsteiner, P.; **83, 93, 97** Ruetsch, H.; **98** Schuhmacher, R.; **14, 27, 32, 34, 39, 40, 41, 44, 46, 55C, 59, 61, 62, 75, 76, 77, 79, 80, 84, 95, 99 u, 109, 110, 112, 113, 114, 122** Spürgin, A.; **4** Stöckli, H.; **13 u** Tanner, K.M.; **55D, 101, 105** Thomas, HU.; **73 l, 88** unbekannt; **28, 42, 43, 53, 55A, 66 l, 67, 94, 100 (sw-Foto), 106, 108, 111, 115, 116, 124** VDRB Diaserien; **38** Wermelinger, R.; **47, 48** Wiggenhauser, F., nach Pfefferle, K.; **103 r, 104** Wiggenhauser, F.; **31, 73, 78, 117, 119, 120, 121** Zentrum für Bienenforschung Liebefeld

*Schnittdarstellungen*

**1–11, 14–18** Wiggenhauser, F., nach Lehnherr, M., Imkerbuch, Basel: Aristaios-Verlag; **12** Wiggenhauser, F., nach Pfefferle, K.; **13** Wiggenhauser, F., nach Spürgin, A.

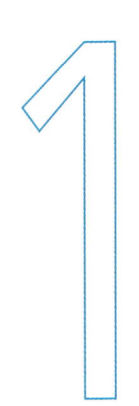

# 1 Beim Imkern über die Schulter geguckt

Berchtold Lehnherr

Typisch für die Bienenhaltung in der Schweiz ist die Standortimkerei im Bienenhaus mit dem Schweizerkasten. Diese Hinterbehandlungsbeute ist am meisten in der deutschsprachigen Schweiz verbreitet, kommt aber auch im französischsprachigen Landesteil und im Tessin vor. Das Bienenhaus wird den Bedürfnissen einer Freizeit-Bienenhaltung besonders gerecht. Es ist Arbeits-, Lager- und Erholungsraum in einem und ermöglicht ein ungestörtes Arbeiten an den Völkern, auch bei schlechtem Wetter.

Abb. 1
**Bienenhaus mit Schweizerkästen**
Winter-Kontrollgang zum Bienenhaus des Klosters Mariastein. Gegenseitige Standbesuche sind die beste Fortbildung für Imkerinnen und Imker.

Abb. 2
**Dadant-Magazinbeuten**
Freistand mit Dadant-Beuten im Vallée de Trient (Unterwallis). In der französischen und italienischen Schweiz ist die Magazinimkerei vor allem mit Dadant-Beuten mehr verbreitet als in der Deutschschweiz.

# 1 Beim Imkern über die Schulter geguckt

## 1.1 Es lebe die Tradition

Welche Bedingungen muss eine Anfängerin oder ein Anfänger erfüllen? Worauf sollte man achten und was hat man zu erwarten, wenn man mit der Bienenzucht beginnt? Zu diesen Fragen äussern sich im Gespräch Lisabeth Jutzi, eine erfahrene Imkerin aus Langnau im Emmental, und Marco Bosia, ein Berufsimker aus Stabio im Tessin.

*Lisabeth Jutzi, wie bist du zur Imkerei gekommen?*
Jutzi: Schon mein Grossvater und mein Vater waren Imker. Die Bienen kannte ich von klein auf. Mein Vater erklärte mir, was zu tun sei, wenn zum Beispiel ein Volk weisellos ist, wann man es erweitern oder auffüttern müsse.

*Was interessiert dich heute besonders an den Bienen?*
Die Imkerei finde ich sehr spannend, weil kein Jahr dem andern gleicht und weil sich die Völker jedes Jahr ganz unterschiedlich entwickeln. Ich suche in der Imkerei gern meinen eigenen Weg. Dies ist schon deshalb notwendig, weil jeder Standort einmalig ist und auf die Völker einen grossen Einfluss ausübt. Auch die Varroabekämpfung stellt mich vor neue Aufgaben. Durch die Bienen gewinne ich Einblicke in die Natur und in die Umwelt.

*Welche Erfahrungen hast du mit dem Trachtangebot für die Bienen gemacht?*
Bei uns im Emmental spielt die Waldtracht eine grosse Rolle. Damit diese genutzt werden kann, müssen sich die Völker im Frühling gut aufbauen und viel Pollen und Nektar finden können. Um das Nahrungsangebot für meine Bienen zu verbessern, setzte ich überall Weidenstecklinge: an Bachläufen, Waldrändern, auf Rutschungen. Zudem säe ich jährlich auf jedes freie Stück Land Phacelia ein.

*Wanderst du auch in Trachtgebiete oder bereitet dir dies zu grosse Mühe?*
Die Wanderimkerei kommt für mich aus Zeitgründen nicht in Frage. Sie ist arbeitsintensiv. Aber auch bei der Standortimkerei gibt es Arbeiten, die mir Mühe bereiten. Ich muss häufig zu Besen und Bürste greifen und im Bienenhaus den Boden reinigen, was auf einem Magazinstand entfallen würde.

Abb. 3
**Traditionelles Bienenhaus für 16 Völker**
Es wurde um 1930 von Lisabeths Grossvater gebaut und beherbergt 16 Völker.

Abb. 4
**Offener Bienenstand für 4 Schweizerkästen**
Dieser stabile, leicht auf- und abbaubare, kostengünstige Bienenstand steht in einem Garten mitten im Wohngebiet von Binningen (Basel). Ein solcher Stand eignet sich besonders gut für Anfängerinnen und Anfänger.

*Was braucht es im Bienenhaus, damit die Arbeit erleichtert wird?*
Günstig ist es, wenn das Sonnenlicht von oben einfällt und die Bienen ungehindert durchs Dachfenster abfliegen können. Der Boden sollte keine Türschwellen aufweisen, damit schwere Lasten, zum Beispiel Zuckerwasser, auf Rollen verschoben werden können. Wenn das Bienenhaus einen Schleuderraum hat, sollte dieser mit einer Schiebetür schliessbar sein. Zudem braucht es fliessendes Wasser und Elektrizität, denn beim Honigschleudern spielt die Hygiene eine grosse Rolle.

*Auch für die Bienen kommt es darauf an, am richtigen Ort zu sein. Was empfiehlst du einem Anfänger bei der Wahl des Standortes?*
Ich würde ihm raten, zuerst zwei bis fünf Völker am neuen Standort aufzustellen, um während einiger Jahre zu prüfen, ob der Platz auch für die Bienen stimmt. Ich würde mit erfahrenen Imkern der Region über Standplätze sprechen. Sind die Sockel des Bienenhauses einmal gesetzt, wird man sie später nur mit grossem Aufwand wieder entfernen. Doch manchmal wäre es für die Bienenvölker vorteilhaft, wenn der Bienenstand nur um einige Meter versetzt werden könnte. Dies ist bei einem kleinen, mobilen Bienenstand problemlos möglich. Der Bienenstand darf nicht dem kalten Wind ausgesetzt sein. Er sollte beispielsweise an einem windgeschützten, besonnten Waldrand stehen. Auch die Wassertränke muss für die Bienen leicht und vom Wind geschützt erreichbar sein.

*Welche Vorteile siehst du bei der Imkerei mit Schweizerkästen?*
Ich bin beim Schweizerkasten geblieben, weil ich ein wunderschönes Bienenhaus an einem sehr guten Waldtracht-Standort übernehmen konnte. Zudem schätze ich es, dass sich die Entwicklung der Völker im Schweizerkasten leicht mitverfolgen lässt.

*Welche Veränderungen hast du selber in deinem Betrieb vorgenommen?*
Ich habe vor vielen Jahren mit Pollensammeln begonnen ( › Band „Bienenprodukte", S. 44–47). Damit die Pollenfallen in die Schweizerkästen eingeschoben werden können, habe ich die Böden herausgesägt und 10 cm hohe Hochböden darunter montiert. Auch das Varroa-Diagnosegitter lässt sich nun problemlos einschieben. Bei der Langzeit-Ameisensäurebehandlung scheinen die Bienen die Säuredämpfe dank des Hochbodens besser regulieren zu können.

# Beim Imkern über die Schulter geguckt

Abb. 5
**Schweizerkasten mit Hochboden**
Der Hochboden unter dem Brutraumfenster ist mit einem Brett verschlossen. Auf den Beutenboden wurde das Kunststoffgitter für die Varroadiagnose eingeschoben. Es ist Spätsommer, Zeit der Einfütterung. Der grosse Futtertrog über dem Deckbrett wird mit Zuckerwasser gefüllt, das aus einem grossen Fass durch den Schlauch gepumpt wird.

*Worauf sollte man achten, damit die Imkerei rundläuft?*
Grundsätzlich muss man sich fürs Imkern Zeit nehmen können – denn ein Gehetze zerstört die Freude. Wer mit der Imkerei beginnt, kann nicht nur ein Imkerbuch lesen. Es braucht Grundkenntnisse, Schulung und Hilfe, zum Beispiel von einem erfahrenen Imker, der die Praxis vorzeigt.
Für die Jungvölker braucht es unbedingt einen zweiten Bienenstand, der mindestens drei Kilometer entfernt sein muss. Ohne das Verstellen der Ableger würde es nicht klappen.

*Wie hältst du deine Bienen gesund?*
Indem ich meine Umwelt gut kenne und die Widerstandskraft der Bienen stärke. Ich verarbeite das eigene Wachs selber und belaste die Bienenvölker nicht mit chemischen Mitteln. Die Brut darf niemals erkalten und das Bienenvolk niemals hungern. Wichtig ist auch, dass die Bienen ihren Putztrieb ausleben und der Imker die schwachen Völker nicht „durchdoktert". Wenn ein Volk sich nicht entwickelt, löse ich es einfach auf.

*Wie vermehrst du die Völker?*
Im Frühling bilde ich Brutableger, die ich später umweisle (→ Band „Königinnenzucht", S. 42–47). Ich züchte im Mai und Juni Königinnen, die einen guten Putztrieb vererben und sanftmütig sind. Bei der ersten Schleuderung bilde ich Kunstschwärme, die Jungköniginnen erhalten. Den später gebildeten und kleinen Jungvölkern hänge ich im Spätsommer die entweiselten Altvölker hinten zu. Damit erreiche ich gleichzeitig eine Verjüngung des Wabenbaus und der Völker.

*Wie verkaufst du deine Bienenprodukte?*
Ich habe einen privaten Kundenkreis, der vor allem Waldhonig kauft. Blütenhonig spielt bei mir mengenmässig eine kleinere Rolle. Auch der Pollen, den ich sammle und selber trockne, findet direkten Absatz. Meine Kunden wissen, dass es nicht jedes Jahr gleich viel gibt. Mit den Bienen kann man nichts erzwingen. Vor allem spreche ich mit den Kunden und zeige ihnen meine Imkerei.

*Vielen Dank für das Gespräch.*

## 1.2 Die Stunden darf man nicht zählen

Der Aufbau einer Imkerei kann spannend sein und zum Lebenswerk werden. „Zuerst hat man Bienen – dann haben sie einen", sagte der Tierarzt Marco Bosia, als wir ihm einige Fragen zu seiner Berufsimkerei stellten.

*Marco Bosia, wie bist du zur Imkerei gekommen?*
Bosia: Ein Bienenschwarm liess sich in einem Ligusterstrauch im Garten meines Vaters in Mendrisio nieder. Ein befreundeter Imker fing ihn in Eile ein, während ich ihm auf die Finger schaute. Damals war ich elf Jahre alt und sehr neugierig. Ein Teil des Schwarms – samt einer Königin – blieb im Geäst zurück. Mit einer honigbestrichenen Kartonbüchse lockte ich diese Bienen an und stellte meinen ersten Schwarm abends in den Keller. Vom Vater eines Schulfreundes ergatterte ich ein Ablegerkistchen, in das ich den Schwarm einlogierte. Seither ist mir das „Virus" des Imkerns geblieben und hat mich so stark befallen, dass ich heute noch rund sechshundert Völker pflege.

*Was magst du beim Imkern – was nicht?*
Ich mag beim Imkern alles, was direkt mit Bienen zu tun hat. Etwas weniger mag ich die Arbeiten rund ums Schleudern und Honigabfüllen. Was ich gar nicht mag, ist die Situation zu Hause, wenn man am Wochenende imkert und Frau und Kinder verärgert. Besonders schlimm ist es während der Hauptsaison als Wanderimker, wenn die Familie in den Sommerferien lieber ans Meer fährt.

*Worauf achtest du bei der Wahl der Standorte für deine Völker?*
Man muss auf das Kleinklima Acht geben. Der Bienenstand sollte im Windschatten stehen und nach Südost ausgerichtet sein, damit die Sonne im Winter zumindest zur Mittagszeit an die Kästen scheint. Im Sommer sollten die Völker jedoch im Schatten unter schützenden Laubbäumen stehen.

*Mit welchen Beuten imkerst du – und was möchtest du ändern?*

Abb. 6
**Bienenstand mit italienischen Dadant-Beuten**
Die Imkerei Bosias umfasst 600 Völker. Nebst Familie helfen bei der Wanderung und der Honigernte temporär angestellte Hilfskräfte mit.

## Beim Imkern über die Schulter geguckt

Ich imkere mit dem italienischen Dadant-Kasten. Dieser ist sehr zweckmässig gebaut. Beim Dadant-System habe ich nichts verändert. Ich brauche auch keine komplizierten Geräte, denn nur ganz einfache Systeme haben sich in meiner Imkerei bewährt.

*Was braucht es alles, damit die Imkerei rundläuft?*
Es braucht Mut, und man muss sich rasch entscheiden können. Der Imker muss ein Gefühl für die Natur entwickeln. Man darf nie Stunden oder Aufwand rechnen, sonst geht die Freude verloren. Die Technik selber ist heute kein Problem mehr, denn es gibt jede Menge technische Hilfsmittel, die man sich im Laufe der Zeit beschaffen kann. Die Wahl dieser Hilfsmittel ist aber oft nicht einfach. Man sollte nur Standardmaterial verwenden, das sehr einfach und leichtgewichtig gebaut ist.

*Welche Tracht befliegen deine Bienen und wohin wanderst du?*
Die Löwenzahn- und Kirschbaumblüten dienen dem Aufbau der Völker. Mitte Mai beginnt die Robinientracht im Mendrisiotto, im Juni folgt die Kastanientracht in den Hügellagen. Ich wandere mit den Bienenvölkern zuerst auf 600 bis 800 m ü. M., wo die ersten Lindenbäume blühen und Anfang Juli noch weiter hinauf bis in die Alpenrosen- und Bergblütentracht im Lukmaniergebiet.

*Wie hältst du deine Bienen gesund?*
Ich selektioniere und züchte selber Königinnen. Die Schwächlinge löse ich auf und bilde dafür sehr viele Ableger, die ich zum Teil verkaufe. Durch die Ablegerbildung erfolgt auch die Wabenbauerneuerung. Die alten, bewährten Königinnen dienen als Stammmütter der Drohnenvölker. Ich achte bei der Selektion auf den Reinigungstrieb der Völker und verwende keine Königinnen aus Völkern, die Kalkbrut aufweisen. Im Übrigen bevorzuge ich Völker, die viel Propolis sammeln.

*Wie züchtest du die Königinnen und wie bildest du die Jungvölker?*
Königinnen züchte ich sehr früh, bereits im April, damit ich die Ableger, die bei der Akazienhonigernte gebildet werden, beweiseln kann. Je früher die Ableger gebildet werden, desto besser kann ich im gleichen Jahr selektionieren: Ableger, die nicht schnell genug erstarken, etwa 20 %, werden aufgelöst und vereinigt.

*Welche Bienenprodukte kannst du gut verkaufen?*
Alpenrosen-, Bergblüten- und Lindenblütenhonig verkaufe ich sehr gut. Leider ist der Absatz des Kastanienhonigs etwas mühsam. Dieser Honig ist wegen seines herben Geschmacks nicht so allgemein beliebt wie die andern Honige; er ist ein Liebhaberprodukt von besonderer Qualität. Ich produziere weder Propolis noch Gelée Royale. Vom Bienenwachs meiner Völker lasse ich auswärts Mittelwände herstellen, die ich im eigenen Betrieb wieder verwende.

*Vielen Dank für das Gespräch.*

# 2 Aufbau einer Imkerei

Josef Brägger
Matthias Lehnherr

Ob jung, ob alt, ob Schreiner, Professor oder Raumpflegerin, ob Polizist, Kindergärtnerin oder Mechaniker, ob ruhig und bedächtig oder impulsiv und energisch, fast alle Menschen können Bienen halten, wenn sie bereit sind, sich das notwendige Wissen und handwerkliche Können anzueignen. Es gibt sogar Bienenstich-Allergiker, die sich die Bienenhaltung zum Hobby gemacht haben. Sie müssen sich allerdings besonders gut schützen und Notfallmedikamente bei sich haben.

Abb. 7
**Anfänger- und Profi-Bienenstand**
Mit dem kleinen Bienenstand für zwei Völker (rechts im Bild) lässt sich gut in die Imkerei einsteigen. Vielleicht wird später auf 10 oder, wie hier im Bild, auf über 30 Völker erweitert. Das grosszügig gebaute Bienenhaus in Arnegg dient auch als Vereins-Lehrbienenstand.

Abb. 8
**Grundkenntnisse erwerben und vertiefen**
Mit einem Buch alleine kann das Imkern nicht gelernt werden. Es braucht den Erfahrungsaustausch mit andern Imkerinnen und Imkern. Imkervereine bieten Grundausbildungskurse an und führen Standbesuche durch.

# 2 Aufbau einer Imkerei

## 2.1 Wie wird man Imkerin oder Imker?

Die Imkerei gilt in der Schweiz als Freizeitbeschäftigung. Heute werden von rund 23 000 Imkerinnen und Imkern 280 000 Völker betreut, durchschnittlich also 12 Völker. Die Grösse der einzelnen Imkereibetriebe wird jedoch statistisch nicht erfasst. Deshalb ist auch nicht bekannt, wie viele Nebenberufs- und Berufsimkereien in der Schweiz existieren. Als Nebenberufsimkerei wird in Deutschland ein Betrieb mit mehr als 30 Völkern bezeichnet. Berufsimkereien sind meist Familienbetriebe, die von der Imkerei leben. Dazu müssen über 300 Völker betreut werden. In der landwirtschaftlich intensiv genutzten und von Menschen und Bienen sehr dicht besiedelten Schweiz sind Berufsimkereien weder ökologisch sinnvoll noch rentabel. Im Gegensatz zu anderen europäischen Ländern gibt es deshalb in der Schweiz keine Berufsausbildung zum Imker. Das Imkerhandwerk wird oft vom Grossvater, Vater oder Onkel gelernt. Dies hat zur Folge, dass alte Traditionen der Bienenhaltung „treu vererbt" werden, wie zum Beispiel die Haltung der Völker in Schweizerkästen. Das Imkern soll aber nicht nur bei einem „Bienenvater", sondern auch in einem Kurs des lokalen Imkervereins erlernt oder vertieft werden.

### Grundkenntnisse erwerben

Die Imkervereine bieten Grundausbildungskurse an, für die sich alle an der Imkerei ernsthaft Interessierten anmelden können. Diese Kurse werden von der Bienenberaterin oder dem -berater des Vereins geleitet und umfassen 18 Halbtage, verteilt auf zwei Jahre. Sie vermitteln in erster Linie die praktische Arbeit am Volk. Es ist vorteilhaft, wenn vor dem Kurs einführende Literatur studiert wird. Das notwendige theoretische Wissen vermitteln der vorliegende fünfbändige „Schweizerische Bienenvater" sowie viele andere Fachbücher.

Während oder nach dem Besuch des Grundausbildungskurses kann mit der eigenen Imkerei begonnen werden. Meist werden dazu zwei bis vier Bienenvölker oder Schwärme gekauft. Es ist empfehlenswert, Mitglied des Imkervereins zu werden und die „Schweizerische Bienenzeitung" zu abonnieren, um sich über aktuelle Themen der Bienenhaltung und -forschung zu informieren. Das Zeitungsabonnement schliesst auch eine Haftpflichtversicherung mit ein, was sehr wichtig ist, weil Bienenhalter für Schäden, die ihre Bienen verursachen, haftbar sind. Bienenstiche können im schlimmsten Fall zum Tod führen (→ Band „Bienenprodukte", S. 85).

Abb. 9
**Vereinsausflug auf den Lukmanier**
Imkervereine organisieren jährlich mehrere Anlässe, wie zum Beispiel Standbesuche, die zum Kern der imkerlichen Fortbildung gehören.
Frühjahres- und Herbstausflüge finden meist in der Region statt, Sommerausflüge führen die Mitglieder bis ins benachbarte Ausland.

Die Imkervereine führen monatliche Imkertreffen und jährlich mehrere Standbesuche durch. Diese Veranstaltungen dienen dem Erfahrungsaustausch, aber auch dem geselligen Beisammensein. Aktuelle Themen erscheinen auch im Internet.

### Zeitaufwand einplanen

Nichts ist ärgerlicher, als wenn für die Pflege der Völker zu wenig Zeit eingeplant und die Arbeiten im Stress durchgezogen werden müssen. Ein erfahrener Imker wendet für die Pflege eines Volkes durchschnittlich zehn Stunden pro Jahr auf (6). Nicht mit eingerechnet sind dabei die Wegstrecke, der Honigverkauf, die Wanderung und die Königinnenzucht. Der Zeitaufwand ist stark abhängig vom persönlichen Arbeitstempo und der Infrastruktur des Imkereibetriebes.

Der Anfänger muss dreimal mehr Zeit einrechnen. Viele Arbeiten sind termingebunden: sie konzentrieren sich auf die Monate April, Mai, Juni, August und September. Wer 10 bis 20 Völker hält, muss deshalb in diesen Zeiten rund einen Arbeitstag pro Woche für seine Bienen reservieren können. Für den Anfänger empfiehlt es sich, 2 bis maximal 5 Völker zu halten. Als reine Freizeitbeschäftigung nebst Familie und Beruf sind maximal 10 Völker ideal. Weil die Schweiz mit Bienen sehr dicht besiedelt ist, sollten an einem Ort nicht mehr als 20 Völker gehalten werden.

**Anfänger-Bienenstände**

Abb. 10
Auch wenn das Bienenhaus für 10 oder mehr Völker gebaut ist, empfiehlt es sich für den Anfänger, mit 2 bis 4 Völkern anzufangen.

Abb. 11
Dieser Magazinstand mit Langstroth-Flachzargen befindet sich mitten im Wohngebiet von Allschwil. 2 bis 5 Magazine eignen sich besonders gut als Bienenstand in dicht besiedeltem Gebiet.

Abb. 12
Dieser Bienenstand mit einer Doppelbeute im Schweizermass erfordert keine grossen Investitionen. Er findet sowohl im Garten neben dem Wohnhaus als auch im Hinterhof eines Stadt-Wohnblockes Platz.

# 2 Aufbau einer Imkerei

## Standort finden

Der richtige Standort der Bienenvölker ist entscheidend für deren Wohlergehen und den Erfolg der Imkerei. Drei Kriterien müssen bei der Standortwahl berücksichtigt werden: die Bedürfnisse der Bienen, der Nachbarn und der Imkerin oder des Imkers (10).

## Bedürfnisse der Bienen

Im Umkreis von etwa 1,5 km brauchen die Bienen ein gutes Nektar- und Pollenangebot, vor allem im Frühjahr und Spätsommer. In landwirtschaftlich intensiv genutzten Gebieten des Mittellandes ist das Pollenangebot im Juni und das Nektarangebot im Juni und Juli oft sehr mager, es sei denn, eine Waldtracht setze ein, was aber nur etwa alle 10 Jahre geschieht. Deshalb ist eine Wanderung in gute Trachtgebiete empfehlenswert (→ S. 88–89).

Abb. 13

**Arisdorf 1941 und 1990**

Die Trachtlage verändert sich stetig und unauffällig. Die ganze Fläche des Landwirtschaftslandes um Arisdorf war vor 60 Jahren von einem homogenen „Obstbaumwald" bedeckt. Heute sind fast alle Hochstamm-Obstbäume zugunsten von rationell bewirtschafteten grossen Ackerflächen oder Intensivobstanlagen verschwunden (16). Die Bienenhaltung muss an die sich verändernde Trachtlage angepasst werden, sei es durch Wanderung, sei es durch die Reduktion der Völkerzahl. Oder aber die Bienenweide wird nachhaltig verbessert, zum Beispiel durch die Aussaat von Buntbrachen (→ Abb. 59, S. 59) oder die Renaturierung von Bachläufen.

Der Bienenstand soll
- dort stehen, wo der Schnee am schnellsten schmilzt
- vor kalten Nord- und Ostwinden geschützt sein
- nicht in Kälteseen oder an Nordabhängen stehen
- nach Südost bis Südwest ausgerichtet sein
- im Winter von der Mittagssonne gewärmt werden
- im Sommer von der Morgensonne beschienen, aber vor der heissen Mittagssonne (durch Bepflanzung) geschützt werden. (15)

Am sichersten ist die Übernahme eines Standortes, der sich über Jahre bewährt hat. Ein neuer Standort sollte durch erfahrene, ortskundige Imkerinnen oder Imker beurteilt werden. Zudem lohnt es sich, einen Radiästheten (Pendler) zu Rate zu ziehen, der rechts drehende Wasseradern und das Hartmanngitter orten kann, denn die Biene ist ein Strahlen suchendes Insekt und benutzt Erdstrahlen bei der Suche nach neuen Nistorten (8). Schliesslich können 3 bis 5 Völker am neuen Ort platziert werden, um während ungefähr 3 Jahren herauszufinden, ob die Lage für Bienen geeignet ist

## Bedürfnisse des Imkers

Zum Imkern braucht es nicht nur einen Standort für die Völker, sondern auch Lagerraum zum Aufbewahren der Werkzeuge, leeren Bienenkästen, Wabenrahmen. Besonders für die Magazinimkerei ist der Bedarf an Lagerraum für Leerzargen, Deckel und Böden gross. Je näher Wohnort des Imkers, Standort der Völker und Lagerraum beieinander liegen und je bequemer sie zugänglich sind, desto zeitsparender und umweltschonender kann geimkert werden.

Bei der Imkerei kann der Rücken arg strapaziert werden, weil immer wieder schwere Lasten, wie zum Beispiel Bienenkästen, Zuckersäcke oder Honigeimer, gehoben und verschoben werden müssen. Deshalb muss auf richtige Haltung beim Heben schwerer Lasten geachtet werden. Mit dem Auto oder mindestens mit einem Veloanhänger oder Schubkarren sollte bis zum Bienenstand vorgefahren werden können.

Abb. 14
**Magazinstand mit Zander-Beuten**
Diesen Winterstandplatz schützt ein wild bewachsener Erdwall vor Bise und Westwind, während die Morgensonne die Flugfronten ungehindert wärmen kann. Sind viel Hasel, Weiden und Erlen in nächster Nähe, werden sich die Völker im Frühjahr gut entwickeln und zur Zeit der Kirschbaum- und Löwenzahnblüte trachtreif sein.

## Bedürfnisse der Nachbarn

Bei der Standortwahl muss das Nachbarrecht beachtet werden.

Art. 684, Abs. 1 im Zivilgesetzbuch lautet: „Jedermann ist verpflichtet, bei der Ausübung seines Eigentums, wie namentlich beim Betrieb eines Gewerbes auf seinem Grundstück, sich aller übermässigen Einwirkungen auf das Eigentum seiner Nachbarn zu enthalten".

Bevor Völker platziert werden, müssen alle Nachbarn, aber auch die Nachbarimker, darüber informiert werden. Die direkten Nachbarn können vor stechenden Bienen Angst haben. Diese berechtigte Angst soll nicht ausgeredet oder belächelt, sondern durch klärende, informative Gespräche gemildert werden. Stiche gibt es oft, wenn in der Nähe des Bienenstandes das Gras gemäht werden muss. Für diese Arbeit sind Schleier und Schutzkleider empfehlenswert. Erzürnte Nachbarn, die gestochen wurden, lassen sich manchmal mit einem Honiggeschenk besänftigen.

Eine dichte Heckenbepflanzung vor der Flugfront zwingt die Bienen, in die Höhe zu fliegen und schützt dadurch Nachbarn und Spaziergänger.

## Völker erwerben

Es kann ein Schwarm (= Bienenvolk ohne Waben), ein Ableger (= kleines Volk auf 4 bis 5 Waben mit legender Königin) oder ein ganzes Volk (8 und mehr Waben mit Königin) gekauft werden. Der Verein deutschschweizerischer und rätoromanischer Bienenfreunde (VDRB) legt für Schwärme und Völker Richtpreise fest, die im „Kalender des Schweizer Imkers" publiziert werden. Vor jedem Kauf muss der Bieneninspektor der Region angefragt werden, ob die angebotenen Bienen krankheitsfrei sind. Am besten beginnt man mit einem Schwarm, weil dadurch alle Waben neu gebaut werden. Der Nachteil beim Schwarm ist, dass die Abstammung und das Alter der Königin oft nicht bekannt sind. Deshalb wird empfohlen, Schwarmköniginnen später im Jahr durch Zuchtköniginnen zu ersetzen (→ Band „Königinnenzucht").

Abb. 15
**Schützende Hecke**
Der Nachbargarten hinter dieser Magazinbeute im Schweizermass wird durch eine dicht bewachsene Efeuhecke vor tief fliegenden Bienen geschützt.

## 2.2 Bienenhaus oder Freistand?

Es ist üblich, dass Schweizerkästen im Bienenhaus und Magazine auf einem Freistand platziert werden, doch muss dies nicht so sein. Schweizerkästen und Magazine können sowohl im Bienenhaus als auch auf einem Freistand aufgestellt werden.

### Bienenhaus

Das geschlossene Bienenhaus entstand im 19. Jahrhundert und wurde in erster Linie für Körbe und Hinterbehandlungskästen konzipiert, um Bienen und Beuten vor Diebstahl, Wind und Regen zu schützen (→ Band „Natur- und Kulturgeschichte", S. 97–98). Der Hinterbehandlungskasten (= Schweizerkasten) und das Bienenhaus sind auch heute noch die in der deutschen Schweiz am meisten verbreitete Betriebsform. Ausserhalb der Schweiz wird vorwiegend mit dem Magazin geimkert (→ S. 23).

*Vorteile*
– Völker, Kästen und Werkzeuge sind vor Wind, Nässe und Diebstahl geschützt.
– Die Kästen müssen nicht gestrichen werden und sind jahrzehntelang haltbar.
– Es kann auch bei Regen geimkert werden.
– Es gibt weniger Stiche, weil der Ein- und Ausflug der Bienen durch die Bienenhausfront abgetrennt ist.
– Werkzeuge sind griffbereit vorhanden, Material kann gelagert werden.
– Das Bienenhaus erspart einen Lagerraum und ein Transportauto.
– Eine regionale Tradition wird weitergepflegt.

*Nachteile*
– Hohe Anschaffungskosten
– Baubewilligung ist erforderlich.
– Das Verstellen an einen besseren Standort ist umständlich und teuer.
– Die Völkerzahl wird durch die Hausgrösse bestimmt.
– Es bindet den Imker an den Standort.
– Die Lagerkapazität ist beschränkt.
– Zum Schleudern braucht es oft einen zusätzlichen Raum, weil viele Bienenhäuser einräumig und zu klein sind.

Abb. 16
**Bienenhaus in Umstellung**
Dieses Bienenhaus wurde von Schweizerkästen auf Magazine im Schweizermass umgestellt. Die letzten zwei Schweizerkasten stehen ganz hinten. Die Flugfrontöffnung der oberen Kästenetage wurde durch drehbare Glasfenster ersetzt; viel Licht erleichtert die Arbeit.

## Aufbau einer Imkerei

**Freistand**

Die einfachste Imkerei besteht aus zwei bis zehn frei stehenden Bienenkästen (→ Abb. 2, 4, 9, 11). Bei dieser Betriebsgrösse können Material und Geräte in einer Keller- oder Werkstattecke gelagert werden. Als Schleuderraum dient die saubere, geruchsfreie Waschküche oder die Küche. Sobald aber mehr als zehn Völker gehalten werden, braucht es zweckmässige Lager- und Arbeitsräume.

Freistände werden in erster Linie bei der Magazinimkerei bevorzugt. Ausserhalb der Schweiz, Süddeutschlands und Österreichs werden Bienenvölker ausschliesslich auf Freiständen gehalten, auch in Ländern mit klimatischen Bedingungen, wie sie in der Schweiz vorherrschen.

*Vorteile*
- keine Baubewilligung erforderlich
- nahezu kostenlos (evtl. Landgebühr)
- anpassungsfähig an die Umgebung
- Weil Bienenhauswände fehlen, reagieren die Völker schnell auf Temperaturveränderungen.
- rationelle Bearbeitung der Völker ist erleichtert (keine Platznot, gute Lichtverhältnisse)

*Nachteile*
- Kästen sind der Witterung und dem Diebstahl ausgesetzt.
- Für Werkzeuge und Material (Leerzargen, Böden usw.) braucht es einen Lagerraum.
- Werkzeuge, Waben- und Kastenmaterial müssen bei jedem Arbeitsbesuch mitgeführt werden, was ohne Auto nicht machbar ist.
- Die Arbeit ist bei schlechter Witterung erschwert.

Abb. 17
**Halb offener Bienenstand**

Ein guter Kompromiss zwischen geschütztem Bienenhaus und preisgünstigem Freistand ist der halb offene Bienenstand. Der Arbeits- und Lagerraum links kann für Winterarbeiten geheizt werden. Dieser Stand mit Dadant-Magazinkästen befindet sich im Vallée du Trient (Wallis).

Aufbau einer Imkerei

## 2.3 Schweizerkasten oder Magazin?

Es gibt kaum ein Thema, das so kontrovers diskutiert wird wie die Beutenfrage: Hinterbehandlung oder Oberbehandlung, Schweizerkasten oder Magazin. Die Vertreter des jeweiligen Kastentyps werden nicht müde, die Vorteile ihres Systems hervorzuheben und alle Nachteile, oft mit viel Spott gewürzt, auf das andere zu projizieren. Zum Glück hat sich dieser „Grabenkrieg" zwischen den Kastenvertretern in den letzten Jahren gelegt, und es wird allgemein anerkannt, dass jeder Kastentyp seine Vor- und Nachteile aufweist.

Nichts ist stärker als „Gewohnheit": Wer sich einmal an einen Kastentyp gewöhnt hat, bekundet grosse Mühe bei der Umstellung auf eine andere Beute. Da fast alle Berater und Beraterinnen der deutschen Schweiz mit dem Schweizerkasten arbeiten, wird nur dieser Kastentyp durch die Kurse weiterverbreitet. Ein Blick in die Westschweiz und ins Wallis zeigt, dass dies nicht so sein müsste (→ Abb. 2, S. 7).

**Schweizerkasten**
Er fasst 12 bis 16 hochformatige Brutwaben und 2 Honigräume. Der Wabenbau steht quer zum Flugloch („Warmbau") und wird mit einem oder mehreren Deckbrettern abgedeckt und hinten mit Fensterchen abgeschlossen. Das Volk wird von hinten bearbeitet. Jede Wabe wird mit der Wabenzange einzeln aus dem Kasten gehoben.

Abb. 18
**Schweizerkasten**
Links: von hinten
1 Lüftungslöcher
2 Wabentragschiene
3 Honigraumbereich
4 Honigraumfenster
5 Brutraumbereich
6 Brutraumfenster
7 Fluglochnische
8 Fensterkeil

Rechts: von vorne mit aufgeschraubter Wanderfluglochnische
1 Regenschutz
2 Fluglochschieber (demontierbar)
3 Windschutz
4 Flugbrett (Landehilfe)
5 Flugloch

## 2 Aufbau einer Imkerei

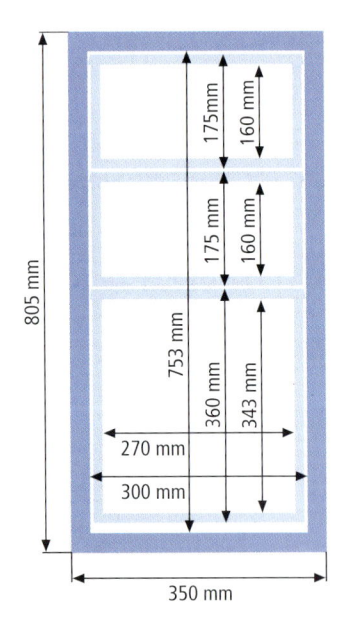

Abb. 19
**Querschnitt Schweizerkasten**

Abb. 20
**Schweizerkasten mit Schiebeboden**
Dieses neue Kastenmodell verfügt über einen eingebauten, gittergeschützten Schiebeboden zur Varroakontrolle.

*Vorteile*
- Die Volksentwicklung kann am Kastenfenster gut beobachtet werden.
- Dank der schmalen, hochformatigen Brutwaben wird der Honig schnell in die Honigwaben abgelagert; deshalb kann auch in mageren Honigjahren etwas Honig geschleudert werden.
- Die Bienen sind weniger angriffig, weil das Volk von hinten, fluglochfern, bearbeitet wird.
- Es müssen nur Waben, aber keine schweren Zargen gehoben werden; der Rücken wird geschont.

*Nachteile*
- teurer Neupreis
- schwer und unhandlich
- Zeitaufwändig; insbesondere das Einschieben und Herausnehmen der Honigwaben, die Schwarmkontrolle, das Umstellen des Wabenbaus und die Futterkontrolle erfordern mehr Zeit als beim Magazin.

## Aufbau einer Imkerei

**Magazin**

Es besteht aus Einzelteilen, die im „Baukastensystem" zusammengestellt werden:
- hoher oder niedriger Boden mit Belüftungsgitter für die Wanderung und die Varroakontrolle
- Zargen mit je 9 bis 12 querformatigen Brut- oder Honigwaben, die längs zum Flugloch stehen („Kaltbau")
- Innendeckel mit Fütterungsloch und Isolationsplatte
- wasserabweisender Aussendeckel

Zusatzteile sind: Fluglochkeil, Absperrgitter, Zwischenboden mit Bienenfluchten, Futtertrog, Spanngurte.

Kleine Magazineinheiten für 4 bis 6 Waben werden für die Ablegerbildung benutzt (→ S. 80).

Abb. 21
**Dreiteiliges Zandermagazin**
Ein Bienenvolk besetzt, je nach seiner Entwicklung, 1 bis 4 Zargen.

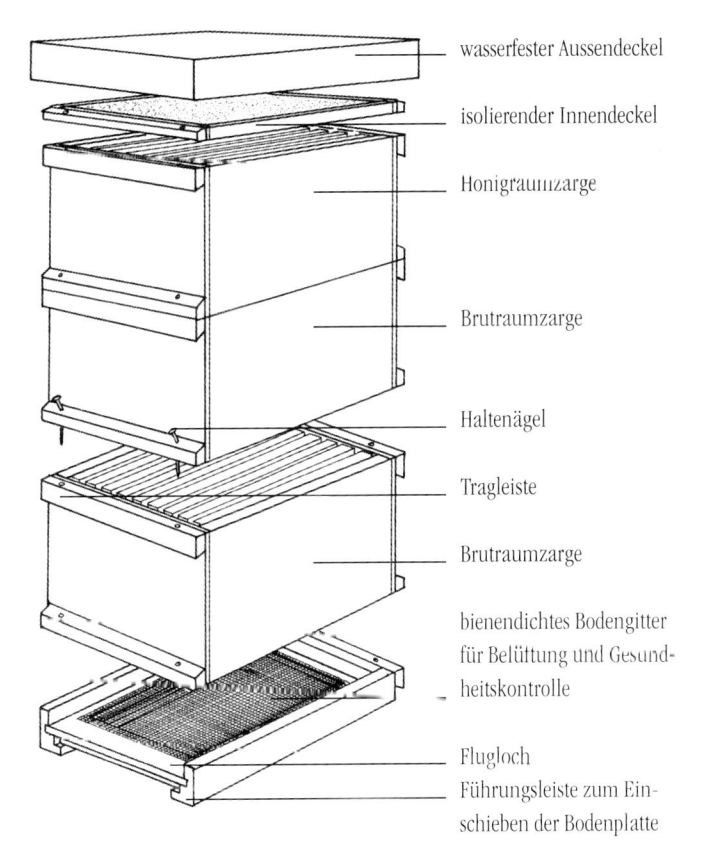

- wasserfester Aussendeckel
- isolierender Innendeckel
- Honigraumzarge
- Brutraumzarge
- Haltenägel
- Tragleiste
- Brutraumzarge
- bienendichtes Bodengitter für Belüftung und Gesundheitskontrolle
- Flugloch
- Führungsleiste zum Einschieben der Bodenplatte

*Vorteile*
- preisgünstig, handlich, beweglich
- rationelle Beurteilung und Bearbeitung der Völker, schneller Zugriff zu den Waben
- Raumgrösse kann schichtweise (zargenweise) der Volksentwicklung angepasst werden.
- einfache Ablegerbildung (→ S. 80)
- günstig für die Wanderung

*Nachteile*
- Rücken wird stark beansprucht
- In mageren Honigjahren und an mittelmässiger Trachtlage kann kein oder nur sehr wenig Honig geerntet werden (Ausnahme: Dadant-Kasten).

## 2 Aufbau einer Imkerei

*Magazintypen*

Es gibt eine grosse Anzahl verschiedener Magazintypen. Die bekanntesten sind *Dadant*, *Langstroth*, *Zander* und *Deutsch-Normalmass*.

Magazintypen mit hohen Brutraumzargen, wie zum Beispiel *Dadant-Blatt* und *Langstroth-Ganzzarge*, werden mit halb so hohen Honigraumzargen kombiniert, bei Zander und Deutsch-Normalmass hingegen wird meist nur eine Zargengrösse empfohlen, allerdings mit dem Nachteil, dass die honigvollen Zargen schwer zu heben sind.

### 1. Dadant-Blatt

In der Westschweiz, in Frankreich und Italien weit verbreitet. Vorteil: Einfach und übersichtlich in der Pflege, weil nur eine Brutraumzarge nötig ist. Nachteil: Zwei verschiedene Wabenmasse (Brut- und Honigraum) sind erforderlich.

### 2. Langstroth-Flachzarge

International weit verbreiteter Magazintyp aus den USA. Vorteil der Flachzarge: Leicht im Gewicht, einfaches Arbeiten in Schichten (es wird mit Zargen, nicht mit einzelnen Waben gearbeitet). Nachteil: Es braucht viel Waben- und Zargenmaterial. Die **Langstroth-Ganzzarge** ist für unsere Trachtverhältnisse ungeeignet: Eine Zarge ist als Brutraum zu klein, zwei Zargen sind zu gross.

### 3. Zander

In Deutschland und in der Schweiz weit verbreitet. Vorteil: Nur ein Zargen- und Wabenmass, weniger Rahmen- und Zargenmaterial als bei der Langstroth-Flachzarge. Nachteil: Honigvolle Zargen sind schwer. Deshalb werden im Handel auch halb so hohe Honigraumzargen angeboten (Rahmenhöhe: 16,5 cm).

### 4. Deutsch-Normalmass

In Deutschland und in der Schweiz verbreitet. Ähnlich wie Zander. Die Länge der Rähmchen wird als zu kurz beurteilt.

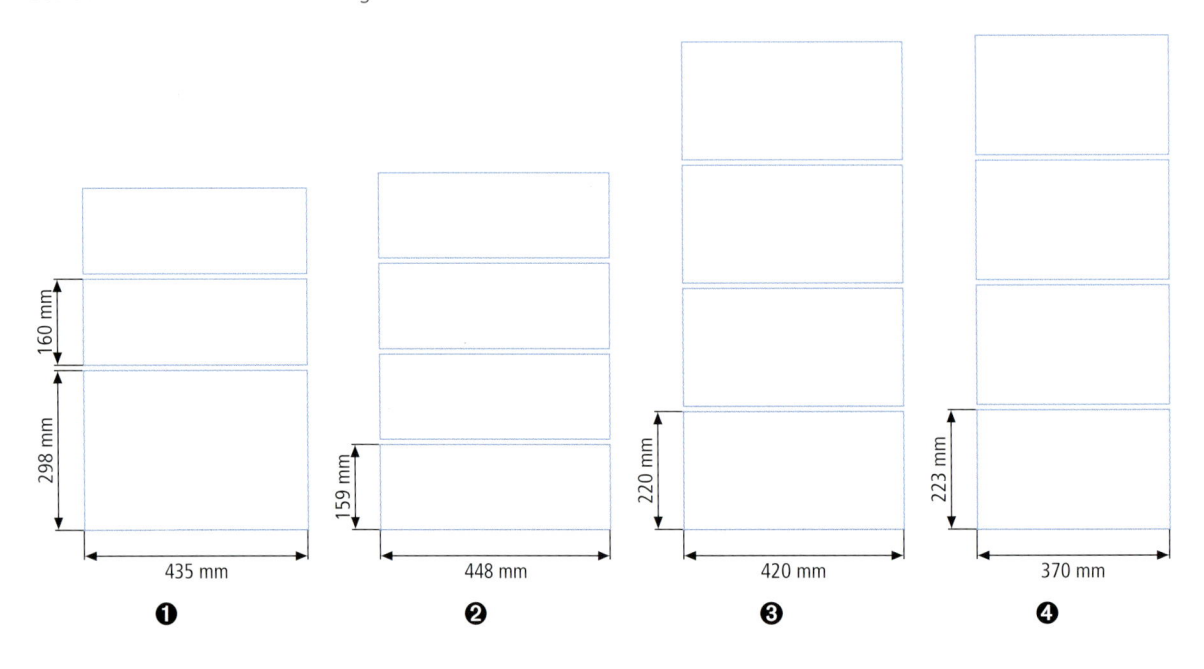

Abb. 22

**Rahmenmasse von Magazintypen im Vergleich**

## Baumaterial und -pläne

Magazine werden im Handel so preisgünstig angeboten, dass sich ein Eigenbau finanziell nicht mehr lohnt. Sie werden aus Holz oder aus Hartschaumstoff gefertigt. Schaumstoffzargen sind zwar leicht im Gewicht, doch soll aus ökologischen Gründen der erneuerbare, im Überfluss vorhandene Rohstoff Holz gewählt werden. Das Holz muss nicht astfrei sein (Baupläne, → weiterführende Literatur, S. 118).

## Magazin im Schweizermass

Es wurden verschiedene Oberbehandlungsbeuten für die Schweizerwabe entwickelt. Sie bieten den grossen Vorteil, dass die Honigräume schnell aufgesetzt und mit Hilfe der Bienenfluchten auch schnell abgenommen werden können. Zudem werden die Brutraumkontrolle, die Fütterung und die Varroabehandlung erleichtert.

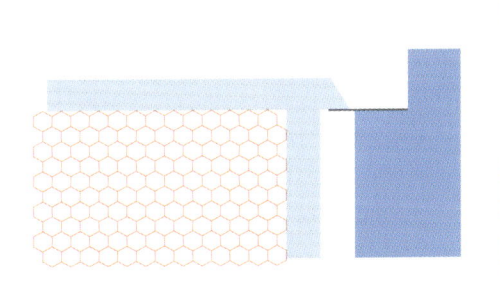

Abb. 23
**Magazinbeute im Schweizermass (oben rechts)**
Diese Normbeute fasst 12 Brutwaben (besser wären 14). Wenn der Kasten voll ist, müssen die hintersten Waben zur Völkerkontrolle herausgehoben werden, was wegen der nach innen auskargenden Wabentragschienen und der Abstandnägel etwas mühsam ist, weil die Bienen gequetscht werden können (→ Detailzeichnung oben links).

Abb. 24
**Magazinbeute Meika**
Dieses Modell für Schweizerwaben ist ein guter Kompromiss zwischen Ober- und Hinterbehandlungskasten. Die Beute aus wasserfest verleimten Dreischichtplatten eignet sich aber nur für das Bienenhaus. Wenn der Kasten im Freien steht, wird das verleimte Holz durch die Atmungsluft des Volkes innen zu nass. Es sei denn, das Volk überwintert auf geöffnetem Gitterboden.

## 2.4 Imkerwerkzeuge

**Grundausstattung (Anfänger-Set)**

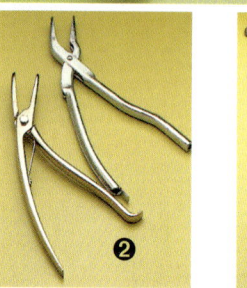

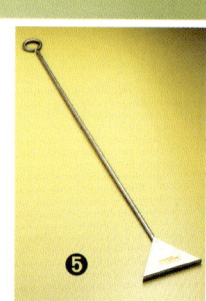

Abb. 25
**Grundausstattung: Anfänger-Set**

Für den Schweizerkasten
- 1 bis 2 Schweizerkasten mit Wabenrahmen (→ Abb. 18, S. 21)
1 Imkerpfeife (zum Vertreiben der Bienen, Brennmaterial: Tabakabfälle)
2 Wabenzange (zum Herausheben und Halten der Waben)
3 Bienentrichter (wird hinten an den Kasten gesteckt, fängt abgewischte Bienen auf)
4 Wabenknecht (dient als Wabenhalter beim Auspacken eines Volkes)
5 Reinigungskrücke (zum Reinigen der Kastenböden)
- Futtergerät (→ S. 73)

Für das Magazin
- 1 bis 2 Magazine mit Zargen und Wabenrahmen (je nach Magazintyp 3 bis 5 Zargen, → Abb. 21, 22, S. 23, 24)
6 Raucher (Brennmaterial: Jute, morsches Holz u. a.)
- Futtertrog (→ S. 85)

# Aufbau einer Imkerei

Für beide Kastensysteme
- 7 Stockmeissel (dient zum Lösen von angekitteten Beutenteilen, zum Auskratzen der Kästen und Reinigen der Rahmen)
- 8 Bienenbürste oder Gänsefeder (zum Abwischen der Bienen)
- 9 Wabendraht (zum Drahten der Rahmen) (→ S. 64)
- 10 Löttrafo (zum Einlöten der Mittelwände) (→ S. 64)
- 11 Schleier, evtl. Handschuhe und Schutzanzug
- – Thymovar oder Ameisensäure und Oxalsäure (zur Bekämpfung der Varroamilbe) (→ S. 108)
- – Mittelwände
- – Bienenbücher und -zeitungen (→ S. 118)

## Zusatzgeräte

Es gibt eine Vielzahl von Imkereigerätschaften zur Erleichterung der Arbeit, aber auch für spezielle Tätigkeiten, wie zum Beispiel die Königinnenzucht, das Sammeln von Pollen und Propolis, die Wachsgewinnung und die Mittelwandherstellung. Diese Geräte werden in den Katalogen der Imkereifachgeschäfte vorgestellt (Erntegeräte → nächste Seite).

## 2 Aufbau einer Imkerei

### Erntegeräte
(→ Band „Bienenprodukte", S. 12 f.)
Erntegeräte sind teuer. Der Anfänger kann seine Honigwaben vorerst bei einem Imkerfreund ausschleudern.

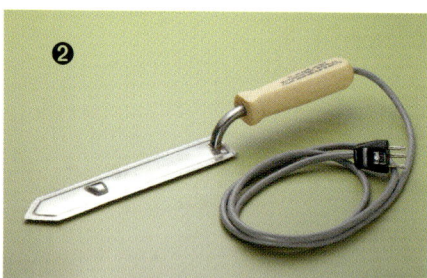

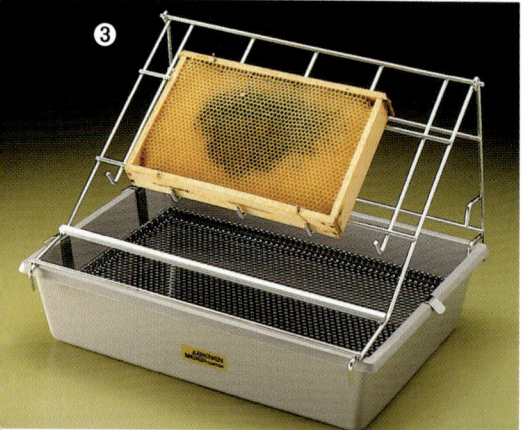

Abb. 26
**Erntegeräte**
1. Entdeckelungsgabel
2. Entdeckelungsmesser (zum Entdeckeln der Honigwaben) (→ S. 57)
3. Abdeckelungs-Auffanggefäss
– Honigsiebe (→ S. 58)
4. Lager- und Abfüllkessel
5. Tangential- oder Radialschleu-
6. der. In der Tangentialschleuder stehen die Waben in einem viereckigen Korb „tangential" zum Schleuderkessel. Sie müssen mehrmals von Hand gewendet werden. Vorteil: Nur kurze Drehzeit ist nötig, deshalb vor allem für handbetriebene Schleudern günstig. In der Radialschleuder stehen die Honigwaben „radial" zum Kessel. Vorteil: Sie müssen nicht gewendet werden. Nachteil: Längere Drehzeit ist nötig, deshalb für motorbetriebene Schleudern günstig.

# 3 Bedeutung der Bienenhaltung

Peter Fluri
Anne Pickhardt

Die Honigbienen – und mit ihnen Hummeln, Wildbienen und weitere Insekten – sammeln in den Blüten der Pflanzen Nektar und Pollen für ihre Ernährung. Dabei transportieren sie Pollen von anderen Blüten der gleichen Art und übertragen ihn auf die Narben. Diesen Vorgang bezeichnet man als Fremdbestäubung. Bei den windblütigen Pflanzen besorgt der Wind den Pollentransport.

Abb. 27
**Bienenvölker im Raps**
Bienen sind blütenstet. Sie befliegen während einer bestimmten Zeit immer die gleiche Blütenart, was eine gute Bestäubung sichert.

Abb. 28
**Reife Äpfel**
Je besser die Bestäubung, desto reicher, geschmackhafter und haltbarer ist die Ernte.

# 3 Bedeutung der Bienenhaltung

## 3.1 Bestäubung

Dank der Bestäubung der Blüten werden die Samenanlagen befruchtet und es wachsen Samen und Früchte. Rund 90 % der Blütenpflanzenarten sind insektenbestäubt, die restlichen 10 % windbestäubt.

Christian Conrad Sprengel war der Erste, der die gegenseitige Abhängigkeit von Biene und Blüte umfassend erkannte (→ Band „Natur- und Kulturgeschichte", S. 89). Er beschrieb seine Beobachtungen 1793 im Buch „Das entdeckte Geheimnis der Natur im Bau und in der Befruchtung der Blumen".

Den Leitsatz zur Bedeutung der Bienenzucht hat Christian Conrad Sprengel 1811 in seinem Werk „Die Nützlichkeit der Bienen und die Notwendigkeit der Bienenzucht" formuliert:

„Die Bienenzucht befördert die Wohlfahrt aller Einwohner eines Landes. Der Hauptzweck der Bienenzucht ist nicht der Gewinn an Honig und Wachs, sondern die Befruchtung der Blumen und Beförderung reichlicher Ernten. Der Staat muss ein stehendes Heer von Bienen haben."

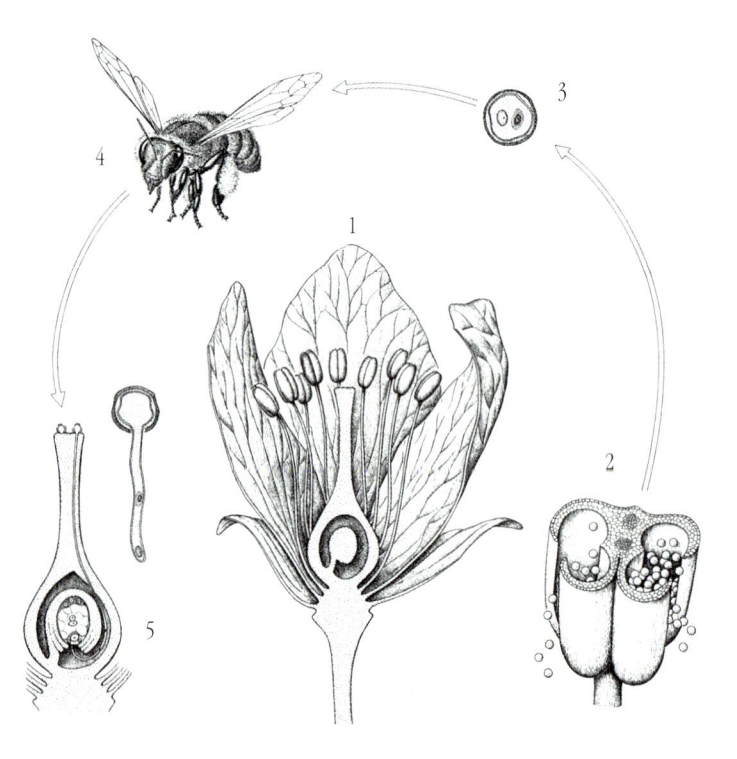

Abb. 29
**Bestäubung und Befruchtung einer insektenblütigen Blume**
Nach der Übertragung des Pollenkornes auf die Narbe (= Bestäubung), wächst der Pollenschlauch durch das Griffelgewebe zur Samenanlage. Ein männlicher Geschlechtskern verschmilzt mit der Eizelle (= Befruchtung), wodurch die Entwicklung des Samens eingeleitet wird.

1 Blüte mit Staubgefässen, Stempel, Blüten- und Kelchblättern
2 Reifer Staubbeutel im Querschnitt
3 Pollenkorn
4 Biene transportiert Pollen auf die Narbe einer anderen Blüte derselben Art
5 Ein Pollenschlauch erreicht die Eizelle in der vom Fruchtknoten umhüllten Samenanlage

## Bienenbestäubung für landwirtschaftliche Kulturen

Weltweit gesehen liegen nicht die Bienen an erster Stelle der Bestäuber aller Blütenpflanzen, sondern die Käfer. Anders sieht es bei den landwirtschaftlichen Nutzpflanzen aus: Hier sind die Bienen, und ganz speziell die Honigbienen, an erster Stelle. Sie haben den Vorteil, dass sie als Volk überwintern und im Frühjahr schon in grosser Zahl ausfliegen. Zudem verhalten sich die Sammlerinnen blütenstet, d. h. sie bleiben bei einer Trachtart. Dies ist bei früh blühenden Massentrachten wie Obst und Raps von grosser Bedeutung. Die Wichtigkeit der Bienenbestäubung ist bei den verschiedenen insektenabhängigen Kulturen jedoch recht unterschiedlich:

Tab. 1 **Wichtige Ernten in der Europäischen Gemeinschaft 1990 und ihre Abhängigkeit von der Bestäubung durch Bienen**

| Kultur | Produktion in 1000 t | Bienenbestäubung | beobachtete Bestäuber |
|---|---|---|---|
| Apfel | 9321 | +++ | H B S |
| Birne | 2631 | +++ | H B |
| Kirsche | 546 | +++ | H |
| Aprikose | 599 | ++ | H |
| Mandel | 347 | +++ | H |
| Zitrone | 1547 | o | H B S |
| Orange | 5165 | o | H B S |
| Himbeere | 61 | ++ | H B |
| Erdbeere | 710 | +++ | H   S |
| Johannisbeere | 180 | +++ | H B |
| Weintraube | 24236 | + | H   S |
| Feldbohne | 1499 | ++ | H B S |
| Kastanie | 119 | ++ | H |
| Rotklee | ? | +++ | H B S |
| Luzerne | ? | +++ | H B S |
| Baumwolle | 1041 | ++ | H B S |
| Melone | 1654 | +++ | H |
| Gurke | 1372 | +++ | H   S |
| Kürbis | 782 | +++ | H   S |
| Olive | 5878 | + | H |
| Pfeffer | 1246 | – | H B |
| Raps | 5214 | + | H B S |
| Soya | 1658 | o | H   S |
| Sonnenblume | 3908 | ++ | H B S |
| Tomate | 11235 | + | H B S |

(nach 4)

Bienenbestäubung: +++ sehr wichtig  ++ wichtig  + förderlich  o nicht förderlich  – keine Angaben
Bestäuber: H: Honigbiene  B: Hummel  S: Solitärbiene

# 3 Bedeutung der Bienenhaltung

Die meisten in der Tabelle aufgeführten Kulturpflanzen sind auf die Bestäubung durch Honigbienen angewiesen. Bei einigen Kulturen sind sogar ausschliesslich Honigbienen als Bestäuber beobachtet worden:

| | | |
|---|---|---|
| Kirsche | Quitte | Kastanie |
| Buchweizen | Mandel | Olive |
| Pfirsich und Nektarine | Mango | Senf |
| Rote Johannisbeere | Melone | Aprikose |

Andererseits eignen sich für die Bestäubung von Rotklee, Luzerne, Feldbohne und Tomate Wildbienen besser als Honigbienen. Orangen, Zitronen, Weintrauben, Oliven, Sojabohnen und Raps sind nicht auf Insektenbestäubung angewiesen, sondern weitgehend selbstbefruchtend. Dabei kann der Wind eine Rolle spielen. Dennoch spenden ihre Blüten Nektar und Pollen, und der Bienenbesuch fördert die Erträge. Bei Zitrusfrüchten kommt auch die Bildung samenloser Früchte ohne vorherige Bestäubung vor.

### Einsatz von Bestäuberinsekten

In Obstanlagen und Gewächshäusern werden Bestäuberinsekten gezielt eingesetzt. Im Freiland ist der Bedarf an Bienenvölkern pro Hektare je nach Kultur und lokaler Situation unterschiedlich (vgl. Tab. 2).

### Abstand und Ertrag

Je näher die Trachtquelle beim Bienenstock ist, desto grösser ist die Aussicht, dass sie von den Sammlerinnen beflogen wird. In Obstanlagen werden die besten Ergebnisse erzielt, wenn die Bienenvölker direkt in der Kultur stehen.

**Empfohlene Bienenvölkerdichte für landwirtschaftliche Kulturen in den Ländern der europäischen Gemeinschaft** — Tab. 2

| Kultur | empfohlene Anzahl Bienenvölker pro ha | Kultur | empfohlene Anzahl Bienenvölker pro ha |
|---|---|---|---|
| Apfel | 2 oder mehr | Gurke | bis zu 10 |
| Birne | 1 bis 5 | Kürbis | 2 bis 4 |
| Kirsche | 2,5 bis 3 | Luzerne | 4 bis 8 |
| Mandel | 5 bis 8 | Raps | 2 bis 6 |
| Schwarze Johannisbeere | 6 | Sonnenblume | 1 bis 4 |

## 3.2 Ökonomischer Wert der Bienenhaltung

Die Bienenhaltung erbringt zwei verschiedene Arten von Leistungen, welche bei einer Bewertung zu berücksichtigen sind:
– Honig, Wachs, Pollen, Propolis, Gelée Royale und Bienengift fallen als verkäufliche Produkte an (→ Band „Bienenprodukte"). Die produzierten Mengen und die Marktpreise sind bekannt, und der Wert der Ernten während eines Jahres kann berechnet werden (Endproduktion).

Tab. 3  **Mittlere jährliche Erzeugung von Bienenprodukten und ihr Marktwert (Endproduktion)**

|  | Durchschnittliche Produktion pro Jahr | Marktwert pro Gewichtseinheit Fr. pro kg | Marktwert pro Jahr Mio. Fr. |
|---|---|---|---|
| Honig | 3000 Tonnen | 20.– | 60 |
| Schmelzwachs | 60 Tonnen | 8.– | 0,5 |
| Blütenpollen | 600 kg | 100.– | 0,06 |

– Die Bestäubung der Nutz- und Wildpflanzen fällt als Nebenwirkung bei der Erzeugung von Bienenprodukten an. Sie ist eine Voraussetzung, dass bei vielen landwirtschaftlichen Kulturen sowie bei Wildpflanzen Samen und Früchte heranwachsen. Ein Marktpreis für die Bestäubung liegt nicht vor.

## Wert der Produkte aus den Bienenvölkern

In der Schweiz werden vor allem Honig, Wachs und Pollen gewonnen (vgl. Tab. 3). Der Wert der pro Jahr gewonnenen Bienenprodukte wird durch die Grösse der Honigernte bestimmt. Die Gewinnung von Wachs und Blütenpollen bringt im Vergleich dazu geringe Erträge. Die Imkerinnen und Imker in der Schweiz produzieren jährlich Bienenprodukte im Wert von durchschnittlich rund 60 Mio. Fr. Dies entspricht einer Wertschöpfung pro Bienenvolk von jährlich 240 Fr. (bei der Annahme von 250 000 Völkern).

## Wert der Bestäubung der Nutzpflanzen durch die Honigbienen

Der ökonomische Wert der Bestäubung als Nebenwirkung der imkerlichen Produktion hängt davon ab, wie knapp oder wie reichlich diese Leistung vorhanden ist. Solange sie in genügendem Mass auftritt, liegt für sie kein Marktpreis vor, und ein wirtschaftlicher Wert kann nicht angegeben werden.
Andererseits wird oft die Frage gestellt, welche Auswirkungen das Fehlen der Bienenbestäubung auf die landwirtschaftlichen Ernten hätte und welchem Geldwert die vermuteten Ausfälle entsprächen. Dieses Szenario ist wirklichkeitsfremd und lässt sich nicht mit einem anerkannten ökonomischen Ansatz behandeln; denn die interessierten Kreise, z. B. Obstbauern, würden es gar nicht so weit kommen lassen und sich bei einem Mangel an Bienen für Ersatz einsetzen. Trotzdem werden Antworten auf die obige Frage häufig gesucht. In der Literatur findet man verschiedene Berechnungsarten, die auch zu verschiedenen Ergebnissen führen. Bekannt sind vor allem zwei Ansätze:

a) Näherungsrechnung mit dem 10fachen Wert des Honigertrages

In Fachartikeln findet man die Faustregel, dass die Bestäubung der Nutzpflanzen durch die Honigbienen pro Jahr ungefähr das 10fache des Wertes des Honigertrags ausmache. Neuere Schätzungen gehen auch vom 30fachen Wert aus. Für die Schweiz mit dem hohen Honigpreis dürfte eher der 10fache Wert anwendbar sein. Bei einem mittleren Marktpreis der Honigernte von 60 Mio. Fr. pro Jahr ergibt sich für die Bestäubungsleistung der Bienen der Betrag von 600 Mio. Fr. oder im Durchschnitt 2400 Fr. pro Volk (Annahme: 250 000 Völker in der Schweiz).

b) Berechnung aufgrund des Marktpreises der bienenabhängigen landwirtschaftlichen Ernten

Einleuchtender ist die Berechnung der Bestäubungsleistung der Bienen, wenn der Wert der Ernten der insektenbestäubten Kulturen sowie der Anteil der Bestäubung durch die

# 3 Bedeutung der Bienenhaltung

Honigbienen bei jeder Kultur berücksichtigt wird. Im Jahr 1997 erreichten die Ernten von Obst, Beeren, Raps, Soja und Sonnenblumen in der Schweiz den Wert von rund 380 Mio. Fr. (Endproduktion, Statistik des Schweizerischen Bauernverbandes). Der Anteil der Ernte, welcher von der Bestäubung durch die Honigbienen abhängig ist, beträgt rund 300 Mio. Fr. Daraus ergibt sich ein Bestäubungswert pro Bienenvolk von 1200 Fr. (Annahme 250 000 Völker). Er liegt im Bereich von anderen Berechnungen, welche den Wert der Bestäubungstätigkeit der Honigbienen in den Ländern der Europäischen Union mit rund 1000 bis 1300 Fr. pro Honigbienenvolk und Jahr ermittelten (3). Die Berechnung gemäss Ansatz a) hingegen ergab rund den doppelt so hohen Betrag.

## Bedeutung der Bestäubung der Wildpflanzen

Nicht nur Kulturpflanzen, sondern auch die Mehrheit der Wildpflanzen sind auf Insektenbestäubung angewiesen. Hier ist es jedoch kaum möglich, einen Geldwert für die Bienenbestäubung zu berechnen. Die Auswirkungen beim Fehlen von Honigbienen könnten sein: Abnahme der Bildung von Samen und Früchten, Rückgang der Vielfalt an Wildpflanzen und der von ihnen abhängigen Tiere. Dadurch würden das bestehende ökologische Gleichgewicht gestört und wahrscheinlich auch die Landschaft und das Klima verändert. Dies hätte für das Leben der Menschen wohl mehrheitlich negative Folgen.

## Wert eines Bienenvolkes und eines Bienenstandes

Aus den Werten der verkäuflichen Bienenprodukte (Endproduktion) und dem hypothetischen Wert der Bestäubung (Nebenwirkung der Bienenhaltung) kann ein Gesamtwert ermittelt werden.

Der hier ermittelte Gesamtwert der Bienenhaltung von jährlich 360 Mio. Fr. oder 1440 Fr. pro Bienenvolk ist ökonomisch gesehen nicht anerkannt, weil für die Bestäubung kein wirtschaftlicher Preis vorliegt. Andererseits besteht ein Interesse, einen Gesamtwert für die Bienenhaltung angeben zu können. Der Marktpreis der jährlich pro Volk produzierten Bienenprodukte erreicht durchschnittlich 240 Fr. und der hypothetische Wert der Bestäubung der Nutzpflanzen 1200 Fr. Dies ergibt zusammen den Betrag von 1440 Fr. pro Jahr und Bienenvolk.

**Mittlerer Wert der Bienenhaltung insgesamt und pro Bienenvolk im Jahr** Tab. 4
(Annahme: 250 000 Völker in der Schweiz)

|  | Schweiz insgesamt Mio. Fr. | Durchschnitt pro Bienenvolk Fr. |
| --- | --- | --- |
| Bienenprodukte | 60 | 240 |
| Bestäubung der Nutzpflanzen | 300 | 1200 |
| **Gesamtwert** | **360** | **1440** |

Nicht berücksichtigt ist der Wert der Bestäubung der Wildpflanzen.

# 4 Pflege der Völker

Matthias Lehnherr
Anton Heinz
Martin Dettli

Die Pflege der Völker am Bienenstand beginnt mit der Beobachtung der Fluglöcher. Doch viel Übung und gegenseitiges Lernen unter Imkerinnen und Imkern ist notwendig, bis der Zustand eines Volkes am Flugloch abgelesen werden kann. Ist dies möglich, können unnötige Eingriffe und Kontrollen unterbleiben, und das Volk wird nicht gestört. Nebst der Beobachtung des Fluglochs gibt auch ein Blick ans Stockfenster beim Schweizerkasten oder unter den Zargendeckel beim Magazin Aufschluss über den Entwicklungsstand des Volkes. (24)

Abb. 30
**Beobachtung am Flugloch**
Die Lithografie des Schweizer Malers und Kupferstechers Heinrich Bodmer entstand um 1870. Beobachtend steht der Imker vor seinen volksstarken Körben. In diesen Körben waren die Waben fest angebaut. Deshalb konnte der Imker die Völker nicht nach Belieben „auspacken", wie dies heute mit den beweglichen Waben möglich ist. Umso wichtiger war für ihn die „Sprache des Fluglochs".

# Teil 1: Alle Kastensysteme

## 4.1 Übersicht

**Leseerklärungen**

Teil 1, 2 und 3 des Kapitels 4 sind inhaltlich eng verknüpft. Teil 1 beschreibt die Völkerpflege, wie sie für alle Kastensysteme gilt, und ist in 9 Themen unterteilt, die in Abb. 32 gezeigt werden. Teil 2 (ab S. 66) enthält ergänzende Arbeitsanleitungen für den Schweizerkasten, Teil 3 (ab S. 76) für das Magazin. Die Wanderung wird im nachfolgenden Kapitel 5, die Varroabehandlung in Kapitel 7 beschrieben. Anhand der Seitenverweise kann die thematische Verknüpfung schnell gefunden werden.

Die Schnittdarstellungen (ab S. 66) zeigen den Schweizerkasten im Längsschnitt, das Magazin (ab S. 77) im Querschnitt. Rot = Brutanlage. Gelb = Honig- oder Pollenvorräte. Weiss = Leerwaben. BW = Brutwabe. DW = Drohnenwabe. DR = Drohnenrahmen. MW = Mittelwand. FW = Futterwabe (Vorratswabe). HW = Honigwabe. AW = Altwabe.

Abb. 31 zeigt die **durchschnittliche Entwicklung eines Bienenvolkes** während eines Jahres (grüne und blaue Kurve). Die **Varroamilbe** ist seit 1985 mit im Spiel (rote Kurve) und beeinflusst Volksentwicklung und Imkerarbeiten.

Abb. 31 (nebenan)

**Arbeitskalender (Themen der Völkerpflege)**

1 **Auswinterung (→ S. 38)**
– Völker kontrollieren (Futtervorrat, Brut, Volksstärke, Putzverhalten)
– Völker vereinigen

2 **Aufbau = Wabenbau (→ S. 45)**
– Drohnenwaben und Mittelwände geben
– Frühtracht anwandern

3 **Schwarmzeit = Vermehrungszeit (→ S. 47)**
– Honigräume geben
– Schwarmkontrolle
– Königinnenzucht
– Ableger und Kunstschwärme bilden

4 **Frühjahres-Honigernte (→ S. 56)**

5 **Wanderung (→ S. 87) und Zwischentrachtpflege (→ S. 59)**
– Sommertracht anwandern
– Berg- oder Waldtracht anwandern
– Jungvölker pflegen

6 **Sommer-Honigernte (→ S. 60)**

7 **Herbstkontrolle (Futtervorrat, Brut, Volksstärke) (→ S. 60)**
– Völker vereinigen und umweiseln

8 **Auffütterung (→ S. 61)**

9 **Einwinterung und Winterarbeiten (→ S. 63)**
– Völker einengen
– Bienenhaus, Kästen und Werkzeuge reinigen
– Rahmen drahten, Mittelwände giessen, Kästen reparieren

**Themen der Varroabekämpfung (→ S. 108)**

10 Drohnenbrut schneiden, Milbenfall messen
11 Milbenfall messen
12 Erste und zweite Behandlung
13 Dritte Behandlung

Alle Kastensysteme

Bienen   Brut   Varroa

Die Pflege am Volk richtet sich nach
- dem Klima und Witterungsverlauf
- dem Nektar- und Pollenangebot (Tracht)
- der individuellen Volksentwicklung
- der Betriebsgrösse (z. B. 4 oder 40 Völker)
- der Entfernung vom Wohnort des Imkers (Fernstand oder Heimstand)

und bezweckt
- die Gesunderhaltung der Völker
- die Ernte der Bienenprodukte

# 4 Pflege der Völker

## 4.2 Auswinterung

*Wann: Februar bis April*

Ein Bienenvolk hat am Ende des Winters weniger Bienen als bei seiner Einwinterung. Im Schnitt sind es 10 000 Bienen, die etwa 4 bis 7 Schweizer- oder Zanderbrutwaben gut besetzen. Die Winterbienen pflegen die frühe Brut. Das Brutnest wird bei vorerst rückläufiger Bienenzahl laufend vergrössert (→ Band „Biologie", S. 67). Die Bienen des Auswinterungsvolkes müssen grosse Brutsätze versorgen und warm halten, was eine enorme Leistung erfordert. Das Verhältnis von Bienen zu offener Brut beträgt gegen Ende der Auswinterungszeit 1 zu 0,8 im Durchschnitt. Das heisst, dass jede Biene nahezu eine offene Brutzelle versorgen muss. Den Bienenvölkern ist am besten geholfen, wenn unnötige Eingriffe vermieden werden.

**Arbeitsschritte**

*vor dem Reinigungsflug*
– Winterunterlagen wechseln, Gemüll beurteilen

*zur Zeit der Reinigungsflüge (Temperatur im Schatten ab 10 °C)*
– wegen Verkotung keine Wäsche in der Nähe des Bienenhauses aufhängen
– Flug der Völker beobachten (Notizen machen)
– Bienentränke einrichten
– Stockkarten vorbereiten und an die Kästen heften

- **Winterunterlagen wechseln, Gemüll beurteilen**

Winterunterlagen sind Kunststofffolien, die im Frühwinter auf den Kastenboden unter die Völker geschoben werden. Moderne Bienenkästen haben gittergeschützte Schiebeböden, die auch für die Varroadiagnose im Sommer wichtig sind (→ S. 109). Auf den Unterlagen findet sich alles, was die Bienen fallen lassen, in erster Linie die von den Vorratswaben abgenagten Zelldeckel (= Gemüll).

Abb. 32
**Erste Pollen- und Nektarspender**
Schneeglöckchen, Haseln, Krokusse, Winterlinge, Erika, Kornellkirsche gehören zu den ersten Pollen- oder Nektarspendern. Wenn die ersten Schneeglöckchen Anfang Januar blühen, legt die Königin bereits Eier. Die Brut wird auch bei eisigen Temperaturen gepflegt.

Alle Kastensysteme

Die Winterunterlagen liefern Informationen:
- Anzahl und Länge der Gemüllwälle geben die Volksstärke an: normal starke Völker haben vier und mehr Wälle.
- Helle Streifen zeugen von jungem, dunkle von altem Wabenbau.
- Eier, Nymphen und Wachsplättchen zeigen auf, dass das Volk bereits brütet.
- Zuckerkristalle deuten auf schlechtes oder mangelhaft verarbeitetes, auskristallisiertes Winterfutter hin.
- Dickflüssige, dunkelbraune bis dünnflüssige, gelbe Kotflecken auf Unterlagen und Flugbrettern zeigen Ruhr oder Nosema an (→ S. 113).

### *Kontrovers:* Bodenunterlagen

Es gibt auch die Meinung, dass Bodenunterlagen im Winter unnötig sind, weil
- das Volk den Boden aus eigener Kraft säubern soll, was für die Beurteilung des Putztriebes aufschlussreich ist,
- die Völker (beim Magazinbetrieb) auf offenem Gitterboden überwintern sollen, wodurch Stocknässe und Schimmelbildung vermieden wird,
- der Arbeitsaufwand zu gross und der Nutzen zu klein sind.

### *Kontrovers:* Schneedecke überstreuen

Es wird die Meinung vertreten, dass die Schneedecke vor der Flugfront durch Hobelspäne, Asche oder Häckselgut zugedeckt werden soll, damit die Bienen beim Reinigungsflug vom Schnee weniger stark geblendet werden und weniger häufig im Schnee erstarren.

Abb. 33
**Gemüllwälle auf Bodenunterlagen**
Der Schiebeboden eines Magazinvolkes wurde hinten herausgezogen. Starkes Volk, sitzt vorne, hat hinten verdeckelten Vorrat geholt, was am hellen Gemüll rechts im Bild zu erkennen ist.

Abb. 34
**Gemüll unter der Lupe**
Schon im Winter finden sich im Gemüll frische Wachsschüppchen, nebst Wachskrümeln, Varroamilben und Pollenhöschen.

## 4 Pflege der Völker

- **Flug der Völker beobachten (Notizen machen)**

### Verdacht auf Tracheenmilbe
Vor der Flugfront krabbeln viele Bienen mit verdrehter Flügelstellung umher (→ S. 112).

### Abgestorbenes Volk
Wenn ein Volk im Gegensatz zu allen andern nicht fliegt, wird kräftig an den Kasten geklopft. Bleibt alles still, wird das tote Volk weggeräumt, das Wabenmaterial sortiert und bienensicher versorgt (→ S. 100).

### Weiselloses Volk
Am Abend, nach eingestelltem Flug, rennen Bienen eines Volkes hastig suchend auf dem Anflugbrett umher. Dieses Volk ist vermutlich weisellos. Es wird so bald wie möglich kontrolliert und aufgelöst (→ S. 44).

Abb. 35
**Abgestorbenes Volk**
Dieses Volk wurde auf zwei Zargen eingewintert. Die beiden Waben stammen aus dem Zentrum der Wintertraube. Das Volk begann früh im Januar im unteren Magazin zu brüten. Im Februar setzte eine lange Kälteperiode mit Temperaturen unter −5 °C ein. Das Volk blieb wärmend auf der Brut sitzen und verlor den Kontakt zum Futter im oberen Magazin. Es verhungerte unter vollen Futterwaben. Dies geschieht zum Glück selten.

Abb. 36
**Pollenflug**
Hier wird emsig Pollen eingetragen, was auf eine gute Brutentwicklung schliessen lässt. Doch tragen auch buckelbrütige oder weisellose Völker Pollen ein, aber die „Stimmung" am Flugloch ist spürbar lahmer.

Alle Kastensysteme

## • Bienentränke einrichten

Abb. 37
**Wassertränke**

Gibt es im Umkreis von etwa 200 m keine natürliche Wassertränke, so wird eine künstliche eingerichtet. Sie soll sich an windgeschützter Stelle, etwas abseits von der Flugrichtung der Bienen befinden, damit das Wasser nicht durch Kotspritzer verunreinigt wird.
Auch moosgepolsterte Becken werden gerne als Wasserstellen benutzt.
Im Handel gibt es Tränken, die aus Kunststoffbehälter und Holzrost bestehen.

## • Stockkarten vorbereiten und an die Kästen heften

Abb. 38
**Stockkarten**

Auf ihnen werden wichtige Arbeiten und Beobachtungen während eines Jahres notiert. Zweckmässig sind Stockkarten, die wichtige Informationen für eine spätere Selektion speichern. Beim Schweizerkasten werden die Karten meist an die Kastentüre, beim Magazin auf den Innendeckel geheftet.
Viele Imker verzichten auf Stockkarten und notieren wichtige Informationen mit Kreide auf die Kastenwände oder in ein Taschenbüchlein.

# 4 Pflege der Völker

## Erste Durchsicht aller Völker (Frühjahrskontrolle)

*Wann: Februar bis März, zur Zeit der Weidenblüte, bei mindestens 12 °C*

Die Frühjahreskontrolle beantwortet die Fragen:
- Wie stark ist das Volk?
- Ist es weiselrichtig?
- Hat es genug Futter?
- Ist es gesund?
- Hat es aus eigener Kraft den Boden gesäubert?

## Arbeitsschritte

- einengen (Raum der Volksgrösse anpassen)
- verschimmeltes, verschmutztes oder defektes Waben- oder Kastenmaterial auswechseln
- nasses Isolationsmaterial trocknen oder auswechseln
- Futtervorrat überprüfen und ausgleichen
- (kontrovers → S. 44) ausgebaute Drohnenwabe ans Brutnest hängen
- weisellose und sehr schwache Völker auflösen
- Krankheiten dem Bieneninspektor oder Berater melden
- Waben aussortieren

Abb. 39
**Weibliche Weidenblüten**
Sie spenden Nektar.

Abb. 40
**Männliche Weidenblüten**
Sie spenden viel Pollen und Nektar. Es lohnt sich, jährlich (sofort nach dem Verblühen der Kätzchen) Weiden durch daumendicke, 30 bis 50 cm lange Stecklinge zu vermehren. Wenn die Weide blüht, beginnt die Arbeit an den Völkern.

*Alle Kastensysteme*

- **Einengen**

heisst, die Wabenzahl oder die Anzahl Zargen der Volksstärke anpassen.
Zweck:
– Es wird weitgehend verhindert, dass durch Kondensation der Atmungsluft Stocknässe entsteht, wodurch Randwaben schimmeln und Holzteile aufquellen.
– Es entsteht Raum für neuen Wabenbau.
– Bei eingeengten Völkern sind die Entwicklungsfort- und -rückschritte besser sichtbar, was vor allem dem Anfänger die Arbeit erleichtert.

Das Einengen ist auch schon im November/Dezember möglich.
Der Begriff „einengen" wird meist bei der Arbeit mit dem Schweizerkasten benutzt.

- **Futtervorrat überprüfen**

Im Normalfall reichen 15–20 kg Winterfutter bis zur Frühjahrestracht im April/Mai. Der Futterverbrauch ist aber nicht nur regional, sondern auch von Volk zu Volk unterschiedlich. Bei der ersten Durchsicht fallen möglicherweise Völker auf, die zu wenig, und andere, die zu viel Futter haben. Die Überproviantierung kann die Brutausdehnung behindern. Deshalb kann es notwendig sein, eine vollständig verdeckelte Vorratswabe, die ans Brutnest angrenzt, zu entnehmen und durch eine leicht bebrütete Leerwabe zu ersetzen, damit das Volk sein Brutnest ausdehnen kann. Die Vorratswaben können Völkern zugehängt werden, die zu wenig Futter haben, oder sie werden später bei der Ablegerbildung oder bei Futternot im späten Frühling oder Sommer eingesetzt.
Wenn Vorratswaben fehlen, kann (bei Temperaturen über 10 °C) flüssig gefüttert werden (5 l Zuckerwasser), oder es wird ein Stück Futterteig auf die Brutwaben gelegt (Fütterungsmethoden → S. 62, 73, 85).
Das Schätzen des Vorrats und die Beurteilung, ob ein Volk zu viel oder zu wenig Futter hat, muss im Imkerkurs und durch Erfahrung gelernt werden.

Abb. 41
**Futterteig auflegen**
Ist das Volk knapp an Futter und sind keine Vorratswaben zur Hand, kann zur Not Futterteig auf die Brutwaben gelegt werden. Die darüber gelegte Plastikfolie oder der Plastikbehälter sind wichtig, damit der Teig nicht austrocknet, sondern durch die steigende Stockluft feucht bleibt. So kann er von den Bienen leicht abgenommen werden.

*Schweizerkasten → S. 66*
*Magazin → S. 76*

43

# 4 Pflege der Völker

- **Schwache und weisellose Völker auflösen**

Während der Frühjahreskontrolle wird entschieden, welche Völker vereinigt oder aufgelöst werden sollen. Das hängt nicht zuletzt von der Zielsetzung des Imkers ab: Ein Frühtrachtimker möchte bald starke Völker haben, denn nur sie verfügen über eine gute Sammelkapazität. Er wird deshalb eher Völker vereinigen als ein Waldtracht- oder Bergtrachtimker. Voraussetzung zu dieser Betriebsweise ist die Bildung vieler Jungvölker im Vorjahr, denn sie sichern den Erhalt des Völkerbestandes (→ S. 49) (14b).

Schwache Völker, die weniger als 4 Wabengassen besetzen, aber gesund sind, werden mit mittelstarken Völkern vereinigt:
- Königin des schwachen Volkes abfangen und abtöten
- Waben mit Brut und Bienen einem mittelstarken Volk direkt an die Brut zuhängen

Schwache Völker ohne Brut oder buckelbrütige Völker (→ S. 114) werden aufgelöst:
- alle Waben abseits vom Stand abwischen; stark verkotete Völker oder Völker mit krankhafter Brut (→ S. 104 f.) werden abgetötet:
  Eimer mit kochend heissem Wasser, durchsetzt mit etwas Abwaschmittel, bereitstellen, grossen Rundtrichter aufsetzen
- Bienen schnell in Wassereimer abwischen (ist tier- und umweltschonender als abschwefeln)
- Waben mit Brut und sehr stark verkotete Vorratswaben gut verpackt der Kehrichtverbrennung zuführen
- leicht verkotete Vorratswaben von den Bienen ausfressen lassen und einschmelzen

*Kontrovers:* **Vereinigung im Frühjahr**

Es wird die Meinung vertreten, dass zwischen die zu vereinigenden Volksteile ein Zeitungsblatt eingelegt werden soll, damit die Vereinigung harmonischer verläuft. Weiter wird empfohlen, die Bienen beider Völker mit Thymianwasser leicht einzusprühen. Im Frühjahr sind aber bei der Vereinigung weder Zeitung noch Thymianwasser notwendig, wohl aber im Sommer und Herbst.

- **Drohnenwaben geben**

Drohnenwaben sind Brutwaben, die zur Hälfte oder auch ganz Drohnenzellen aufweisen. Ein normal starkes Volk erhält pro Saison eine bis drei Drohnenwaben. Als Drohnenwabe kann ein Leerrahmen eingehängt werden oder eine Brutwabe, deren untere Hälfte weggeschnitten wurde. Im Leerraum errichten die Bienen Drohnenbau. Da Drohnenzellen tiefer sind als Arbeiterinnenzellen, muss der Wabenabstand bei der Drohnenwabe beidseitig um 3–5 mm vergrössert werden. Dies geschieht bei der Schweizer Brutwabe mit aufsteckbaren Abstandhülsen, oder die Abstandstifte werden 3 mm herausgezogen. Im Magazin werden die angrenzenden Waben um 3 mm von der Drohnenwabe weggerückt.

*Kontrovers:* **Drohnenwabe**

Es wird die Meinung vertreten, dass eine junge, ausgebaute Drohnenwabe schon bei der ersten Durchsicht ans Brutnest eingehängt werden soll, denn die Bienen beginnen sehr früh, Drohnen aufzuziehen. Fehlt die Drohnenwabe, bauen die Bienen Arbeiterinnen- zu Drohnenzellen um, wodurch die Brut vermischt wird.
Andere Imker sind der Meinung, dass eine gewisse Vermischung von Arbeiterinnen- und Drohnenbrut kein Problem sei und der

leere Wabenrahmen oder die halb ausgeschnittene Brutwabe erst später, zu Beginn des Bautriebes, ans Brutnest gegeben werden soll.

Eine weitere Möglichkeit besteht darin, bei der Herbstkontrolle im August eine junge Drohnenwabe seitlich am Brutnest im Volk zu belassen.

*Schweizerkasten → S. 66*
*Magazin → S. 77*

### • Waben aussortieren

Beim Einengen, Vereinigen und Auflösen von Völkern fallen Brutwaben unterschiedlicher Qualität an. Diese müssen sortiert und richtig gelagert werden.

*Für die Ablegerbildung werden separat gelagert:* wenig bebrütete, schön ausgebaute Vorratswaben (Handtest: Wenn die Wabe gegen Tageslicht gehalten wird und die dahinter liegende Hand durchschimmert, ist die Wabe noch brauchbar).

*Als Futterreserve für den Sommer werden separat gelagert:* schwere Vorratswaben (können auch alt sein), ungefähr zwei pro Volk.

*Ausgeschieden werden:* dunkelbraune, schwarze oder schimmlige und schlecht ausgebaute oder leicht verkotete Waben.

Diese Waben müssen futterfrei sein, bevor sie eingeschmolzen oder ins Imkerfachgeschäft gesandt werden können. Damit sie von den Bienen ausgeleckt werden können, werden sie abends entweder hinters Bienenhaus oder abseits vom Stand in eine offene, regengeschützte Kiste eingehängt. Ein bis drei Tage später können die futterfreien Waben weggeräumt werden (→ S. 95). Auf keinen Fall dürfen Waben mit faulbrutkranker Brut ins Freie gehängt werden!

### *Kontrovers:* Altwaben futterfrei machen

Es wird die Meinung vertreten, dass Altwaben nicht draussen zum Auslecken hingestellt werden dürfen, weil dies die Übertragung von Faulbrut oder Nosema fördere oder auf dem Stand Räuberei auslösen könne. Deshalb wird empfohlen, die Altwaben aufzuritzen und bei gezogenem Keil hinter das Fenster zu hängen. Die Waben werden jedoch meist nicht vollständig ausgeleckt, so dass sie schliesslich doch noch ins Freie gestellt werden müssen.

## 4.3 Aufbau · Wabenbau

*Wann: März bis Mai, Juni*
Der Bautrieb erwacht, das Bienenvolk will rasch mehr Brut und spätestens ab April auch vermehrt Drohnen nachziehen. Die Volksentwicklung ist regional und von Volk zu Volk sehr unterschiedlich. Gründe dafür sind die unterschiedliche Witterung und Tracht, unterschiedliche kleinklimatische Verhältnisse, individuelle (genetisch bedingte) Eilegerhythmen der Königinnen und schleichende, oft kaum bemerkbare Krankheiten, wie zum Beispiel Nosema oder Viren.

### Arbeitsschritte
– Reizfütterung?
– Erweitern mit Drohnenwaben und Mittelwänden
– Drohnenbrut ausschneiden (→ S. 111)
– Honigräume geben
– Baurahmen geben (nur für Schweizerkasten, → S. 68)

## 4 Pflege der Völker

### • Reizen

heisst, Völkern regelmässig kleinere Futtergaben geben, um ihre Aktivität zu steigern.

#### *Kontrovers:* Reizfütterung
Es wird die Meinung vertreten, dass während der Weidenblüte bis zur Frühtracht kleine Portionen Zuckerwasser oder Futterteig zu geben oder Vorratswaben aufzuritzen seien. Dieses „Reizen" steigere die Aktivität, fördere die Brutanlage, führe zu einer schnelleren Verjüngung und somit zu stärkeren und gesünderen Völkern. Umfangreiche Untersuchungen der Bieneninstitute Liebefeld und Hohenheim sowie die Erfahrungen von Imkern haben aber ergeben, dass eine Reizfütterung keinen nachhaltigen Einfluss auf die Volksentwicklung hat. (9, 18, 19)

*Schweizerkasten → S. 67*
*Magazin → S. 78*

### • Erweitern

Der Fernstand-Imker muss vorausschauend, grosszügiger mit Mittelwänden erweitern; der Heimstand-Imker kann behutsam, schrittweise vorgehen. Zu frühes Erweitern bringt Kälte und Stress in die Völker. Zu spätes Erweitern hemmt die Entwicklung und fördert das Schwärmen.

*Schweizerkasten → S. 67*
*Magazin → S. 79*

Abb. 42
**Wilde Kirschbäume und Schwarzdorn**
Wenn sie ihre Blütenpracht entlang der Waldränder entfalten, ist es Zeit für die Erweiterung der Völker mit Mittelwänden und eventuell weiteren Drohnenrahmen, denn der Bautrieb ist nun voll erwacht. Die Wabenbauerneuerung ist eine wichtige hygienische Massnahme, da alte Waben oft Träger von Krankheitskeimen sind.

## 4.4 Schwarmzeit – Vermehrungszeit

*Wann: April bis Juni*

Durch den Schwarmtrieb sichert sich die Natur die Vermehrung der Bienenvölker (→ Band „Biologie", S. 59 f.). Doch die Imkerinnen und Imker wünschen sich Völker, die möglichst nicht schwärmen und sich trotzdem stark entwickeln. Gründe dazu sind:

- Ein Volk, das schwärmen will, baut nicht mehr und sammelt weniger.
- Schwärme gehen meist verloren, vor allem dem Fernstand-Imker.
- Abgeschwärmte Muttervölker brauchen zusätzliche Pflege und Aufmerksamkeit (→ S. 56).

### Als schwarmfördernde Faktoren gelten

- vorwiegend verdeckelte Brut
- keine Legemöglichkeit für die Königin
- erbliche Veranlagung
- geringe Honig-, aber gute Pollentracht
- eine längere Schlechtwetterperiode nach guter Blütentracht
- wechselhaftes Wetter
- Flüssigfütterung im späten Frühling
- zögernde Erweiterung
- Mangel an Baugelegenheit
- ältere, 3- bis 4-jährige Königinnen
- zu intensive Sonnenbestrahlung der Kästen oder Bienenhaus-Flugfronten

### Als schwarmhemmende Faktoren gelten

- Brutwaben mit verdeckelter Brut aus starken Völkern in schwächere Völker umhängen und durch Mittelwände ersetzen (Völker ausgleichen)
- Brutableger und Kunstschwärme bilden (schwarmtriebige Völker schröpfen)
- anhaltende, massive Tracht
- rechtzeitiges Erweitern
- viele Mittelwände und Drohnenwaben bauen lassen (Baurahmen regelmässig ausschneiden)
- junge Königinnen
- erbliche Veranlagung
- Beschattung der Flugfront nachmittags, z. B. durch Laubbäume

Abb. 43
**Bebrütete Jungwabe**
Sobald die Mittelwände ausgebaut und grossflächig bebrütet werden, erwacht im Volk der Vermehrungstrieb. Gesunde Bienenvölker leben nicht nur ihren Bau-, sondern auch ihren Schwarmtrieb aus.

## Schwarmtrieb erkennen und unterbinden

Schwarmtriebige Völker bauen plötzlich nicht mehr, sammeln weniger intensiv und bestiften Weiselnäpfchen. Um sicher beurteilen zu können, ob ein Volk schwärmen will, muss es der Imker kontrollieren. Findet er am Rande der Brutwaben Weiselzellen, wird das Volk höchstwahrscheinlich schwärmen. Weiselzellen können in drei Entwicklungsstadien beobachtet werden:

*1. Weiselnäpfchen, so genannte Spielnäpfchen, werden in grosser Anzahl angeblasen.* Der Schwarmtrieb erwacht. Eingriffe des Imkers sind noch nicht nötig. Eventuell erweitern oder schröpfen (→ S. 49).

*2. Einzelne Weiselnäpfchen sind mit einem Ei bestiftet.* Der Schwarmtrieb ist erwacht. Ob das Volk schwärmen wird, ist aber noch nicht sicher. Die bestifteten Weiselnäpfchen können auch wieder ausgeräumt werden, wenn eine gute Tracht einsetzt oder wenn der Imker eingreift: Volk erweitern oder schröpfen (Brutableger oder Kunstschwarm mit alter Königin bilden, → S. 50).

*3. Es werden Maden in den Weiselzellen gefüttert oder die Zellen sind verdeckelt.* Das Volk wird schwärmen, der Imker muss eingreifen. Er hat verschiedene Möglichkeiten:
– Königinnenableger bilden
– ganzes Volk in Brutableger mit je einer Schwarmzelle aufteilen
– Kunstschwarm mit alter Königin bilden
– das Schwärmen durch Zwischenableger unterbinden (→ S. 81)

*Schwarmkontrolle Magazin → S. 79*

Abb. 44
**Spielnäpfchen**
Sie werden meist an den Seiten und am unteren Rand der Brutwaben angeblasen.

Abb. 45 (links)
**Bestiftetes Weiselnäpfchen**
Um ein Weiselnäpfchen kontrollieren zu können, muss es oft aufgerissen werden.

Abb. 46 (oben)
**Schwarmzelle kurz vor der Verdeckelung**
Sind die Schwarmzellen schon gross oder verdeckelt, wird das Volk schwärmen.

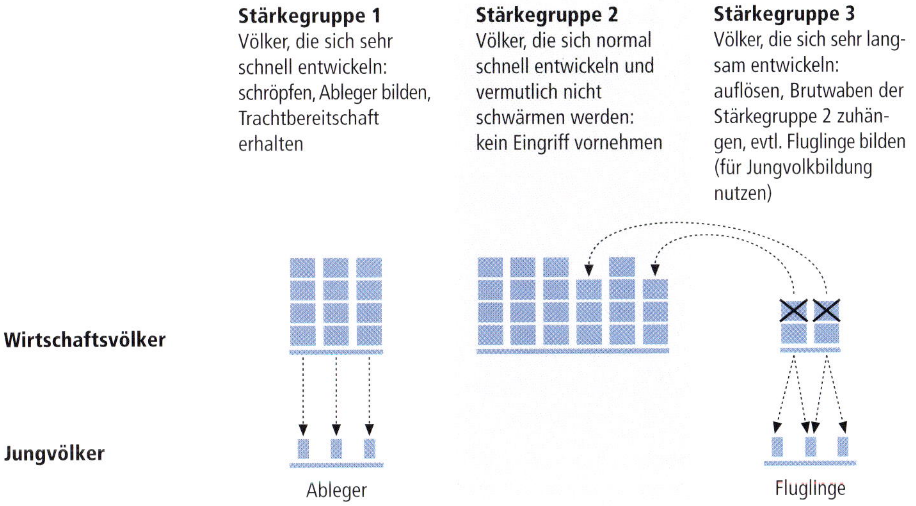

*Alle Kastensysteme*

**Stärkegruppe 1**
Völker, die sich sehr schnell entwickeln: schröpfen, Ableger bilden, Trachtbereitschaft erhalten

**Stärkegruppe 2**
Völker, die sich normal schnell entwickeln und vermutlich nicht schwärmen werden: kein Eingriff vornehmen

**Stärkegruppe 3**
Völker, die sich sehr langsam entwickeln: auflösen, Brutwaben der Stärkegruppe 2 zuhängen, evtl. Fluglinge bilden (für Jungvolkbildung nutzen)

Wirtschaftsvölker

Jungvölker

Ableger

Fluglinge

Abb. 47
**Schema der Völkerführung zur Schwarmzeit** (14d)
Bei den Erweiterungsarbeiten wird der gesamte Völkerbestand in Stärkegruppen eingeteilt, was die Planung für die schwarmvorbeugende Jungvolkbildung im Mai/Juni erleichtert.

## Künstliche Vermehrung durch Jungvölker

Jungvölker sind das Rückgrat einer erfolgreichen Imkerei. Sie entwickeln sich im Folgejahr oft gut, sind eher schwarmträge und weisen meist überdurchschnittliche Honigerträge aus. Die Jungvolkbildung ermöglicht zudem eine rigorose Selektion: schwache Völker werden laufend aufgelöst. Als Richtzahl gilt eine Jungvolkquote von 50 %. Eine Imkerei mit 10 Völkern sollte demnach 5 bis 7 Jungvölker bilden. Bis im nächsten Frühjahr wird der Bestand durch Vereinigen wieder auf 10 Völker gebracht. Die Monate Mai und Juni sind die beste Zeit für die Jungvolkbildung. Im Nachsommer, etwa ab Mitte Juli, sind dazu in den Völkern meist nicht mehr genügend überschüssige Brut und Bienen vorhanden.

Jungvölker werden gebildet, wenn
– ein Volk sehr stark ist oder schwärmen will (schröpfen)
– abgeschwärmte Völker aufgeteilt werden
– brut- und volksstarke, aber ertragsschwache Völker aufgeteilt werden (Fleischvölker „Blender")

Bei der Jungvolkbildung „führen viele Wege nach Rom": Es können Kunstschwärme, Ableger, Fluglinge oder Sauglinge in verschiedenen Varianten gebildet werden.

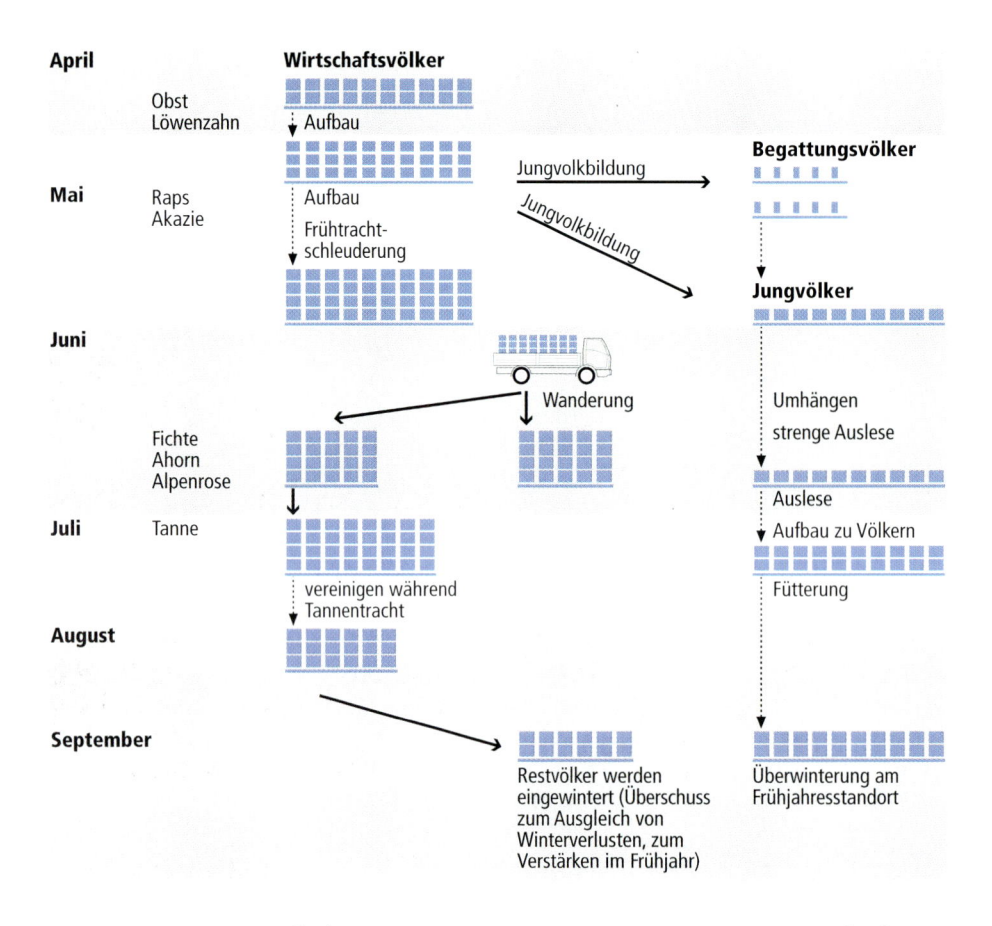

# 4 Pflege der Völker

| April | | Wirtschaftsvölker | | |
|---|---|---|---|---|
| | Obst Löwenzahn | Aufbau | | |
| Mai | Raps Akazie | Aufbau Frühtrachtschleuderung | Jungvolkbildung → | **Begattungsvölker** |
| | | | | **Jungvölker** |
| Juni | | | Wanderung | Umhängen strenge Auslese |
| | Fichte Ahorn Alpenrose | | | Auslese |
| Juli | Tanne | vereinigen während Tannentracht | | Aufbau zu Völkern Fütterung |
| August | | | | |
| September | | | Restvölker werden eingewintert (Überschuss zum Ausgleich von Winterverlusten, zum Verstärken im Frühjahr) | Überwinterung am Frühjahresstandort |

Abb. 48
**Völkerführung und Jungvolkbildung** (14c)
Die Wirtschaftsvölker liefern Jungvölker, wandern in die Wald- oder Bergtracht und werden während der Tannentracht oder im September laufend vereinigt. Die Jungvölker werden an einem möglichst guten Standort mit viel Pollenangebot zu überwinterungsfähigen Wirtschaftsvölkern aufgebaut.

## *Kunstschwarmbildung*

Sie empfiehlt sich, wenn im Volk Schwarmzellen verdeckelt sind oder das Volk stark an Bienen ist. Da ihm keine Brut entnommen wird, erstarkt es nach dem Eingriff schnell und kann eine frühe Sommertracht nutzen.

*Arbeitsschritte*
– die Königin aus dem schwarmreifen Volk aussuchen und in einem Zusetzer käfigen
– gekäfigte Königin in eine Schwarmkiste einhängen
– aus dem Volk (oder aus mehreren Völkern) 1 bis 2 kg Bienen (ohne Königinnen) in die Schwarmkiste abwischen
– dem Kunstschwarm sofort ein wenig Flüssigfutter geben (die Schwarmkiste muss eine Fütterungsöffnung aufweisen)
– den Schwarm im dunklen, kühlen Keller belassen, bis sich eine geschlossene Schwarmtraube um den Königinnenkäfig gebildet hat (1 bis 2 Nächte)
– am Abend auf dem 3 km entfernten Jungvolkstand auf Mittelwände einlogieren, dabei Königin freigeben (weiterpflegen wie Schwärme, → S. 55)
– soll der Kunstschwarm am *alten* Standort einlogiert werden, mindestens 4 Nächte im Keller ruhen lassen

**Alle Kastensysteme**

Abb. 49
**Schweizer Kunstschwarmkiste**
Bei der Futteröffnung wird der Königinnenzusetzer eingehängt und mit dem Futterteller festgeklemmt. In den Futterteller kann eine kleine Flasche gekippt werden. Der Boden ist abnehmbar. Kunstschwärme können auch in einer gewöhnlichen Schwarmkiste gebildet werden (→ Abb. 52, S. 54).

*Rationelle Kunstschwarmbildung*
In vielen Regionen der Welt, vor allem in den USA, wird in erster Linie mit Kunstschwärmen gehandelt und nicht mit Jungvölkern auf Waben. Einige Grossimkereien haben sich auf das Geschäft mit „package bees" spezialisiert. Zur Bildung von Kunstschwärmen werden Bienen aus mehreren starken Völkern in eine grosse, gut belüftete Sammelkiste abgefegt. Ein Absperrgitter verhindert, dass Königinnen in den Sammelschwarm gelangen können. Anschliessend werden 1,5 kg Bienen aus der Sammelkiste abgeschöpft und in die Kunstschwarm-Versandkisten eingefüllt, in die zuvor ein Königinnenzusetzer mit begatteter Jungkönigin eingehängt wurde. Die Kunstschwärme können nun überallhin versandt und am neuen Ort auf Mittelwände einlogiert werden. (7)

Abb. 50
**Standard-Versandkäfig USA**
Für die rationelle Bildung und den Versand von hunderttausenden von Kunstschwärmen wurde in den USA eine preiswerte, stabile, gut belüftete Schwarmkiste entwickelt. Eine Futterdose und ein Königinnenzusetzer lassen sich in die Kiste einsetzen und werden durch einen Aussendeckel gesichert.

Abb. 51
**Kunstschwärme bilden**
Aus einer grossen Sammelkiste werden Bienen abgeschöpft und in die Schwarmkiste abgefüllt, in die zuvor ein Zusetzer mit einer Jungkönigin eingehängt wurde. Das Gewicht des Kunstschwarmes wird mit einer Waage überprüft. Sobald der Kunstschwarm gebildet ist, wird die Futterdose in die Kiste gestülpt.

### Königinnenableger

Empfehlenswert bei schwarmreifem Volk

*Arbeitsschritte*
- 1 bis 3 Waben mit Brut, Bienen und Königin zwischen zwei Futterwaben in neuen Kasten (Ablegerkasten oder Zarge) hängen
- alle Weiselzellen ausbrechen
- Ableger auf Jungvolkstand bringen oder 2 Nächte in den kühlen, völlig dunklen Keller stellen, dann abends am 3. Tag auf dem Stand fliegen lassen

Im *Muttervolk* 9 Tage nach der Ablegerbildung Nachschaffungszellen bis auf eine ausbrechen oder alle Nachschaffungszellen ausbrechen und Zuchtzelle oder Zuchtkönigin zusetzen (→ Band „Königinnenzucht", S. 32, 42 f.). Weiselkontrolle 30 Tage nach der Ablegerbildung.

### Brutableger

Empfehlenswert bei Völkern mit viel verdeckelter Brut. Die Brutwaben für den Ableger können aus einem oder mehreren Völkern stammen. Auf mindestens einer Brutwabe müssen Eier oder jüngste Maden vorhanden sein, damit der weisellose Ableger eine Königin nachziehen kann, oder es wird eine verdeckelte Schwarmzelle stehen gelassen.

*Arbeitsschritte*
- Königin suchen, sie soll nicht in den Ableger geraten
- 2 bis 5 mit Bienen besetzte Brutwaben, die viel verdeckelte Brut enthalten, in einen Bienenkasten (Ablegerkasten) zwischen zwei schwere Futterwaben einhängen
- Bienen einer Brutwabe dazuwischen
- den Ableger am gleichen Tag auf einen mindestens 3 km entfernten Jungvolkstand bringen und fliegen lassen (nicht am Stand belassen!)
- je nach Ablegerstärke Flugloch auf 5–10 cm einengen
- neun Tage später alle Königinnenzellen ausbrechen und eine Zuchtkönigin zusetzen oder nötigenfalls die Königinnenaufzucht dem Ableger überlassen
- 2 bis 5 Liter füttern, sobald eine Königin vorhanden ist
- Weiselkontrolle: 30 Tage nach der Ablegerbildung sollte die Jungkönigin Eier legen (wenn nicht, Kontrollwabe einsetzen, → S. 55)

### Saugling

Die oben beschriebene Ablegerbildung hat den grossen Nachteil, dass die Königin gesucht werden muss. Vielleicht wird sie sogar übersehen und gerät in den Ableger. Damit dies nicht geschieht, ist es vorteilhaft, wenn der Ableger mit der Sauglingsmethode gebildet wird. Man braucht dazu Absperrgitter. Die Methode eignet sich aus Platzgründen besser im Magazin als im Schweizerkasten.

*Schweizerkasten* → *S. 69*
*Magazin* → *S. 80*

### Flugling

Die Fluglingsbildung empfiehlt sich dann, wenn im schwarmreifen Volk bereits verdeckelte Königinnenzellen sind und der Imker wenig Zeit für andere schwarmverhindernde Massnahmen hat. Der Flugling muss bei starkem Flug und nicht nach 16 Uhr gebildet werden.

*Arbeitsschritte*
- schwarmreifes Volk am Standplatz etwa 5 m weit verstellen
- am alten, nun freien Standort einen neuen Bienenkasten hinstellen
- zwei Brutwaben mit junger Brut und Eiern zwischen zwei Futterwaben einhängen
- ungefähr 5 Mittelwände oder leere Jungwaben dazugeben

Alle Flugbienen des verstellten Volkes fliegen nun in die neue Beute am alten Ort und ziehen aus den Eiern eine neue Königin nach.

Im verstellten Spendervolk die Schwarmzellen ausbrechen oder die alte Königin entfernen und eine Schwarmzelle stehen lassen oder eine Jungkönigin zusetzen.

## Jungvolkpflege

### Arbeitsschritte

*Erste Kontrolle nach 9 Tagen*
Beim Brutableger zur Sicherheit alle Königinnenzellen bis auf eine ausbrechen, damit er nicht schwärmt, oder alle Königinnenzellen ausbrechen und eine begattete Zuchtkönigin zusetzen.
Beim Königinnenableger oder Kunstschwarm mit alter Königin Brut kontrollieren. Futtervorrat überprüfen, eventuell ergänzen.

*Brutkontrolle*
14 Tage, spätestens aber 20 Tage nach dem Schlupf der Jungkönigin muss im Ableger junge Brut vorhanden sein; brutlose Jungvölker auflösen (Bienen abseits vom Stand ins Gras abwischen).

*Umlogieren und erweitern*
Sobald die erste Brut schlüpft, Jungvölker aus 4-Waben-Ablegerkästen in Normalbeuten umlogieren, dabei Königin zeichnen. Mit Mittelwänden oder wenig bebrüteten Jungwaben erweitern.

*Füttern und selektionieren*
Im Juni und Juli regelmässig mit 2–5 l Zuckerwasser pro Woche füttern (je nach Trachtlage) und erweitern. Jungvölker, die eine schlechte Brutanlage aufweisen oder sich nur zögerlich entwickeln, auflösen.

*Varroabehandlung*
*Fall 1:* Wenn die Jungvölker aus Spendervölkern gebildet wurden, die im Vorjahr nicht mit Oxalsäure oder Perizin nachbehandelt wurden, dann sollten sie so früh wie möglich, vor der Verdeckelung der ersten Brut, mit Milch- oder Oxalsäure einmal behandelt werden.

*Fall 2:* Wenn die Jungvölker aus Spendervölkern gebildet wurden, die im vorangegangenen November/Dezember mit Oxalsäure oder Perizin nachbehandelt wurden, dann werden sie wie alle andern Völker am Stand Anfang August mit Ameisensäure oder Thymovar behandelt (→ S. 110).

## Natürliche Vermehrung

Der Schwarmtrieb bei nachzuchtwürdigen Völkern muss nicht unterbunden, sondern kann zur Vermehrung des Völkerbestandes genutzt werden.

### Schwarmzellen nutzen

Nachzuchtwürdige Völker, die schwärmen wollen, liefern Königinnen von meist bester Qualität, weil sie auf natürliche Weise aus der Fülle der Frühtracht herausgeboren werden.

### Arbeitsschritte

– Kurz vor dem Schwärmen alte Königin entnehmen (eventuell kleinen Ableger bilden)
– mit Brutwaben und Bienen mehrere Ableger bilden (jeder Ableger erhält eine reife Schwarmzelle)
– sehr sorgfältig auf Jungvolkstand transportieren, damit die Königinnenlarven keinen Schaden nehmen (Kästen gut mit Schaumstoffkissen polstern) (weiter → Jungvolkpflege)

## Kontrovers: Schwärme oder Schwarmzellen nutzen

Es wird die Meinung vertreten, dass Schwarmzellen nicht genutzt werden sollen, weil daraus wiederum schwarmfreudige Völker entstehen würden. Schwarmköniginnen müssten deshalb immer durch Zuchtköniginnen ersetzt werden (→ Band „Königinnenzucht", S. 67 f.). Dem ist entgegenzuhalten, dass die Schwarmzellen aus vermehrungswürdigen Völkern stammen und der Schwarmtrieb nicht nur erblich bedingt ist. Schwärme sind Ausdruck der Gesundheit eines Volkes.

### Schwarm

Ein ausziehender Schwarm, die Geburt eines neuen Volkes, ist ein herrliches, aufregendes Schauspiel (→ Band „Biologie", S. 59).
Die Vermehrung durch natürliche Schwärme empfiehlt sich dann, wenn der Imker, seine Familie oder seine Freunde den Bienenstand während der Schwarmzeit im Auge behalten können.
Es gibt Vor-, Nach-, Singer-, Hunger- und Scheinschwärme. *Vorschwarm:* die alte Königin zieht mit dem ersten Schwarm aus. *Nachschwarm:* eine oder mehrere Jungköniginnen ziehen mit dem nächstfolgenden Schwarm aus. *Singerschwarm:* die alte Königin stirbt vor dem Schwärmen; die erstschlüpfende Jungkönigin zieht mit dem ersten Schwarm aus (vor dem Schwärmen tütet sie wie Nachschwarmköniginnen). *Hungerschwarm:* Schwarm, der aus Nahrungsmangel die Niststätte verlässt. *Scheinschwarm:* viele Bienen folgen einer Jungkönigin auf ihrem Hochzeitsflug, vor allem dann, wenn dieser verspätet stattfindet (→ Band „Biologie", S. 62 f.).
Vorschwärme mit alten Königinnen sammeln sich meist an niederen Bäumen und Sträuchern oder sogar im Gras. Nachschwärme mit jungen, unbegatteten Königinnen fliegen oft hoch und sind deshalb schwieriger einzufangen, meist nur mit einer langen Leiter oder einem Schwarmfangsack.

### Arbeitsschritte
– einfangen
– einlogieren
– füttern
– Weiselkontrolle

• **Einfangen des Schwarmes**
– Schwarmtraube mit dem Wasserzerstäuber besprühen
– Schwarm in die offene Schwarmfangkiste klopfen oder bürsten
– Schwarmkiste in der Nähe des Sammelortes auf den Boden stellen (im Schatten oder mit feuchtem Tuch leicht zudecken) ein Bohrloch der Kiste bleibt offen, damit herumfliegende Bienen zur Schwarmtraube einziehen können
– frühestens eine Stunde später, oder abends vor dem Eindunkeln, Schwarmkiste schliessen und für eine Nacht in dunklen, kühlen Keller stellen

Abb. 52
**Schwarmkiste**
Sie besteht aus Lüftungsgittern, abnehmbarem Boden und Deckel, Futtervorrichtung, Öffnung für den Fegtrichter zur Kunstschwarmbildung, Öffnung zum Befestigen eines Königinnenzusetzers.

**Schwärme einfangen**

Abb. 53
Die offene Schwarmkiste wird so nah wie möglich unter die Schwarmtraube gehalten. Mit einem heftigen Ruck am Ast fällt sie in die Kiste.

Abb. 54
Mit Hilfe einer Teleskopstange aus Aluminium und einem Schwarmfangsack aus Polyäthylen können Schwärme eingefangen werden, die sich hoch oben im Geäst eines Baumes gesammelt haben.

— am Abend des nächsten Tages einlogieren (Vorschwärme können auch sofort nach dem Einfangen einlogiert werden)

- **Einlogieren**

*Schweizerkasten → S. 70*
*Magazin → S. 82*

- **Füttern**

Am zweiten Abend nach dem Einlogieren je nach Trachtlage 3 bis 8 l Zuckerwasser füttern (Fütterungsmethoden → S. 62, 73, 85)

- **Weiselkontrolle**

Etwa zwölf bis vierzehn Tage später werden Weiselrichtigkeit, Stärke, Wabenbau und Futtervorrat kontrolliert.
— Vorschwärme haben verdeckelte Brut
— Nachschwärme sollten jüngste Brut haben (Königin zeichnen)

— Mit Mittelwänden erweitern, bei Bedarf füttern

Wenn keine Brut vorhanden ist, wenn die Waben mangelhaft ausgebaut sind und sogar Weiselnäpfchen angeblasen wurden, ist der Schwarm vermutlich weisellos. Er wird abseits vom Stand abgewischt.
Wenn Zweifel bestehen, ob der Schwarm wirklich weisellos ist, kann eine Kontrollwabe zugehängt werden.

**Kontrollwabe**
Wenn ein Volk keine Brut hat, ist es nicht unbedingt weisellos. Vielleicht hat die Königin eine Eilege-Pause eingeschaltet, oder das Volk hat still umgeweiselt und die junge Königin legt noch keine Eier. Als „Weiseltest" wird eine bienenfreie Wabe mit Eiern und jüngster Brut zugehängt. Wenn das Volk weisellos ist, sind spätestens nach drei Tagen auf der Kontrollwabe Nachschaffungszellen zu finden.

## Pflege abgeschwärmter Völker (Muttervölker)

*Arbeitsschritte*
*Wann: Tag 1 bis 5 (nach dem Auszug des Vorschwarmes)*
Alle Weiselzellen bis auf eine entfernen oder das ganze Volk in Ableger mit je einer reifen Königinnenzelle aufteilen. Wenn Jungköniginnen tüten, will das Volk sicher noch einmal schwärmen. In diesem Fall müssen die Jungköniginnen oder reifen Weiselzellen sofort verwertet oder entfernt werden. Eine Jungkönigin oder eine Weiselzelle muss aber im Muttervolk bleiben! Je nach Tracht und Volksstärke Honigwaben entfernen und andern Völkern aufsetzen.

*Wann: Tag 14 bis 20*
Die Jungkönigin sollte in Eilage sein. Wenn Brut fehlt, Kontrollwabe einhängen. Weisellose Muttervölker sofort mit begatteten Jungköniginnen beweiseln oder mit weiselrichtigen Schwärmen oder Jungvölkern vereinigen. Buckelbrütige Muttervölker abseits vom Stand abwischen. Futtervorrat der Muttervölker regelmässig kontrollieren.

## 4.5 Frühjahres-Honigernte

*Wann: Bei günstigen Trachtverhältnissen und je nach Region kann im Flachland pro Jahr zweimal Honig geerntet werden, und zwar Ende Mai bis Mitte Juni der Frühtracht-, Ende Juli oder Anfang August der Sommertrachthonig (→ S. 60). In Höhenlagen über 1000 m wird meist nur einmal geschleudert, Ende Juli nach der Alpenrosenblüte.*

Die Frühtracht liefert hellen Blütenhonig, der von Löwenzahn, Kirsche, Obst, Ahorn, Raps und Akazie stammt. Löwenzahn- und Rapshonig kandieren nach der Ernte schon nach 2 bis 5 Wochen (→ Band „Bienenprodukte", S. 31)

### Ist der Honig reif?
Nur reifer Honig darf geerntet werden. Unreifer Honig hat zu viel Wasser und gärt schnell. Honig ist dann reif, wenn er verdeckelt ist oder wenn der unverdeckelte Honig bei der Stossprobe nicht aus den Waben spritzt. Dazu wird die Honigwabe waagrecht gehalten und ruckartig nach unten gestossen (→ Band „Bienenprodukte", S. 11–12). Während einer guten Tracht, zum Beispiel während der Rapsblüte, darf kein unverdeckelter Honig geerntet werden.

*Schweizerkasten → S. 70*
*Magazin → S. 82*

Imkerinnen und Imker sind gemäss Lebensmittelgesetz bei der Ernte und Verarbeitung des Honigs zu Sorgfalt verpflichtet (→ Band „Bienenprodukte", S. 35).
Als *Schleuderraum* eignet sich ein Raum im Bienenhaus, eine Waschküche oder ein (ausgeplättelter) Heizungs- oder Luftschutzraum. Er muss geruchsfrei, trocken, sauber und bienendicht sein und wenn möglich über fliessendes Wasser und elektrischen Strom verfügen. Alle Erntegeräte müssen aus rostfreiem Stahl oder aus lebensmittelechtem Kunststoff gefertigt sein (→ S. 28).
Solange der Honig stockwarm ist, fliesst er besser aus den Waben. Wer zahlreiche Völker betreut, entnimmt nur so viel Honigwaben, wie am gleichen Tag geschleudert werden können. Andernfalls müssen die Honigwaben in einem warmen, trockenen Raum aufbewahrt werden.

Alle Kastensysteme

**Arbeitsschritte**
- abdeckeln
- schleudern
- abschäumen, rühren, impfen und abfüllen
- Erntegeräte reinigen

Abb. 55
**Honigwaben entdeckeln**
1. mit der Entdeckelungsgabel (kalt)
2. mit dem Arter-Hobel (in sehr heissem Wasser oder elektrisch erwärmt)
3. mit dem Entdeckelungsmesser (elektrisch erwärmt)
4. mit dem Industrieföhn

# 4 Pflege der Völker

### • Abdeckeln

Das Abdeckeln des Honigs verlangt viel Übung, unabhängig davon, ob Messer, Gabel, Hobel oder Föhn verwendet werden. Es ist empfehlenswert, das Abdeckeln bei geübten Imkerinnen und Imkern abzugucken. Das Entdeckeln mit der Gabel ist am leichtesten zu lernen. Mit Hobel und Messer geht es aber meist schneller. Um speditiv arbeiten zu können, sind zwei Entdeckelungsgeräte nötig, damit sie in heissem Wasser abwechselnd aufgewärmt werden können. Bei elektrischer Aufwärmung genügt ein Gerät.

### • Schleudern

Für das Schleudern werden Tangential- oder Radialschleudern benutzt (→ S. 28). Es lohnt sich, die genaue Gebrauchsanweisung vom Verkäufer der Schleuder zu verlangen. Für alle Schleudertypen gilt: Schleuder gleichmässig füllen, damit sie keine Unwucht bekommt. Zu Beginn langsam drehen lassen und allmählich beschleunigen, damit die frisch gebauten Honigwaben nicht brechen.

### • Abschäumen, rühren, impfen und abfüllen

→ Band „Bienenprodukte", S. 12–22

### • Erntegeräte reinigen

– Schleuder, Honigeimer und Siebe mit handwarmem Wasser auswaschen
– dieses Honigwasser (mit Zucker angereichert) den Jungvölkern füttern
– Erntegeräte mit viel Wasser auswaschen und trocken lagern
– Abdeckelungshobel in sehr heisses Wasser legen
– weiche Propolisrückstände sofort mit Haushaltpapier abreiben

*Abdeckelungswachs („Abdeckleten")*
– Abdeckelungswachs 1 bis 3 Tage abtropfen lassen
– in handwarmem Wasser auswaschen
– Honigwasser (mit Zucker angereichert) Jungvölkern verfüttern
– ausgewaschene Abdeckleten sofort im Wachsschmelzer einschmelzen (schimmelt sonst schnell)

Abb. 56
**Honig sieben**
Die Wachspartikel im Schleuderhonig müssen ausgesiebt werden. Dazu werden zwischen Schleuder und Honigeimer spezielle Siebe eingehängt (→ Band „Bienenprodukte", S. 12).

Abb. 57
**Lunzer Honigsieb**
Weil es nicht verstopft, ist es besonders leistungsfähig. Zwei grob- und feinmaschige Siebe werden in einen Abfülleimer eingehängt. Der ungesiebte Honig wird oben eingeschüttet und kann gesiebt aus dem oberen Hahn des Auffangeimers in kleinere Eimer abgefüllt werden. Der grosse Auffangeimer kann später auch zum Abfüllen von Gläsern benutzt werden. Dazu dient der untere Hahn.

*Alle Kastensysteme*

## 4.6 Zwischentrachtpflege

*Wann: im Juni*

In intensiv genutzten landwirtschaftlichen Gebieten des Mittellandes („grüne Wüste") finden die Bienen im Juni während 3 bis 5 Wochen kaum mehr genügend Nektar, um den täglichen Nährstoffbedarf zu decken, es sei denn, eine frühe Blatt- oder Rottannentracht setze ein (ausgiebige Blatttrachten gibt es in Stadtgebieten meist im Juni). Völker, die wenig Nektar finden, zehren von den Vorräten, schränken die Brut meist ein und gehen dann geschwächt in die Sommertracht.

Mit einer Zwischentrachtfütterung sorgt der Imker für einen ununterbrochenen Futterstrom.

Die Zwischentrachtfütterung erübrigt sich dann, wenn in ein gutes Trachtgebiet gewandert werden kann (→ S. 87 f.) oder wenn den Völkern der ganze Frühjahreshonig oder mindestens 6 kg Vorrat belassen wird.

### Möglichkeiten der Zwischentrachtfütterung

- an trachtlosen Tagen mit reinem Honigwasser füttern
- bei entfernten Honigräumen Zuckerwasser füttern; Honigräume erst drei Wochen nach Ende der Fütterung aufsetzen
- Honigräume nicht entfernen, an trachtlosen Tagen nicht mehr als 3 dl Zuckerwasser füttern
- Futtertaschen mit Maische einhängen (Maische = 5 Teile Kristallzucker mit 1 Teil Honig oder Invertzucker mischen)
- Futtertaschen mit Futterteig einhängen oder Futterteig in Plastikbeuteln auf das Volk legen (Futterteig = 2 Teile Puderzucker und 1 Teil Honig)
- Vorratswaben einhängen (nicht ritzen; Bienen holen nur, was sie brauchen)

Jede Zwischentrachtfütterung mit Zucker kann den Honig verfälschen.

Abb. 58
**Futtertasche**
Sie kann aus einem 34 mm breiten Halbrahmen, einer 4 mm starken Sperrholzplatte und einer Plexiglasscheibe selbst hergestellt werden.

Abb. 59
**Buntbrache**
Für eine natürliche Zwischentrachtpflege in landwirtschaftlich intensiv genutzten Gegenden sorgen Buntbrachen. Sie sind auch für den Landwirt zur Zeit finanziell sehr interessant. Imker-, Jäger-, Entomologen- und Landwirtschaftsverbände sollten die Aussaat von Buntbrachen gemeinsam fördern und organisieren.

## 4.7 Sommertracht, Sommertrachternte und Herbstkontrolle

Eine Bienenstockwaage ist zur Beurteilung der Trachtlage sehr hilfreich.
Wenn ein normal starkes Volk auf der Waage steht, werden meist zuverlässige Angaben über Beginn, Stärke und Ende der Tracht gewonnen.

Die **Sommertracht** liefert meistens dunklen Mischhonig. Dieser besteht aus
– Blütenhonig, der den Völkern bei der ersten Ernte belassen wurde
– Sommerblütenhonig
– Blatt- oder Waldhonig

Die Sommertracht kann im Juni einsetzen, wenn die „falsche" Akazie (Robinie) honigt, wenn zwei bis drei Wochen später grosse Lindenbestände blühen oder wenn Läuse auf Rottannen, Linden, Bergahorn und Eichen Honigtau aussondern. Weitere Sommer-Nektarspender sind Edelkastanie, Faulbaum, Parkbäume, z. B. Trompetenbaum und „Bienen-Bienen-Baum" *(Euodia hupehensis)*, Himbeere, Phazelia, Weissklee, Ackersenf, Hederich, Disteln u.a. Von Mitte Juli bis Ende August honigt gebietsweise die Weisstanne (→ Band „Bienenprodukte", S. 9, 30–31).
Im Berggebiet honigen in erster Linie der Bergahorn, die Alpenrosen und die Himbeere sehr gut, zudem die Heidelbeere, das Weidenröschen, verschiedene Kleearten und andere Bergwiesenblumen.

### *Sommertrachternte*
*Wann: Je nach Region und Trachtlage ungefähr ab Mitte Juli bis Ende August*

Bienenvölker stellen sich früh auf den kommenden Winter ein: „In des Jahres Mitten, rüstet der Bien den Winterschlitten", sagt deshalb ein Imkersprichwort. Es lohnt sich, die Völker so früh wie möglich abzuernten und einzufüttern, damit das Zuckerwasser von den Sommerbienen verarbeitet werden kann und die Winterbienen dadurch geschont werden.
Es werden alle Honigwaben entfernt und ausgeschleudert. Wegen Trachtlosigkeit und vorgerückter Jahreszeit sind die Völker jetzt oft aggressiver gestimmt als im Frühjahr, und die Räubereigefahr nimmt zu (→ S. 61). Deshalb müssen die Honigwaben, vor allem bei freistehenden Völkern, sehr schnell entnommen und in bienendichte Kisten versorgt werden. Sommertrachternte und Völkerkontrolle können gleichzeitig durchgeführt werden, doch ist dies wegen Räubereigefahr und aus Zeitgründen eher selten möglich.

### *Herbstkontrolle*
*Wann: Nach der Honigernte, im Juli/August*

Diese Völkerkontrolle beantwortet die Fragen
– Ist das Volk weiselrichtig?
– Ist die Brut gesund?
– Wie gross ist der Futtervorrat?
– Können alte oder schlechte Waben entfernt werden?
– Lohnt sich eine Auffütterung oder soll das Volk vereinigt werden?
– Müssen nach starker, später Waldtracht volle Brutwaben durch leere ersetzt werden (Platz zum Brüten geben)?
– Muss ein Volk noch umgeweiselt werden (alte Königin, lückenhafte Brut, Kalkbrutbefall)? (→ Band „Königinnenzucht", S. 42 f.)

*Schweizerkasten → S. 71*
*Magazin → S. 83*

- **Varroakontrolle und erste Ameisensäurebehandlung**

(→ S. 109 f.)

*Alle Kastensysteme*

- **Räuberei verhindern**

Die arbeitslosen Sammlerinnen nutzen im Spätsommer jede Gelegenheit, um aus herumstehenden Waben oder aus weisellosen Völkern Honig zu naschen; die Räubereigefahr nimmt zu. Räuberei kann durch Vorsorgemassnahmen vermieden werden:
- während der Honigernte und der Fütterung kein Abdeckelungswachs und keine Waben zum Auslecken geben
- Honig- und Vorratswaben bienendicht lagern
- weisellose und schwache Völker erst einige Tage nach der Ernte oder nach der ersten Fütterung auflösen
- Fluglochöffnungen der Volksstärke anpassen
- gut schliessende, wasserdichte Futtereinrichtungen verwenden
- verschüttetes Zuckerwasser sofort aufputzen

- **Räuberei bekämpfen**

- Anflugkanal vors Flugloch setzen
- beraubtes Volk an einen mindestens 3 km entfernten Standort verstellen

Abb. 60
**Räuberei-Veranda**
Aus 2 Holzstäbchen (10 cm lang, 1 cm dick) und einem Stück Gitter wird ein trichterförmiger Kanal vor das Flugloch gelegt. Die Raubbienen landen auf dem Gitter und finden auch seitlich keinen Eingang. Sie werden dank der verengten Flugöffnung von den Wächterinnen meist abgewehrt.

## 4.8 Auffütterung und Vereinigung

*Wann: Fütterung sofort nach der Ernte bis Mitte September. Vereinigung: September bis Mitte Oktober*
Sofort nach der Honigernte werden alle Völker gleichzeitig mit 5 bis 8 l Zuckerwasser gefüttert. Wegen Räubereigefahr sollte die Fütterung abends erfolgen. 5 bis 7 Tage später erfolgt die Varroabehandlung mit Ameisensäure (→ S. 110). Im Abstand von ungefähr 10 Tagen werden weitere Futtergaben gereicht, so dass die Einfütterung spätestens Mitte September abgeschlossen ist.
Einige Tage nach Abschluss der Völkerdurchsicht und Honigernte werden schwache oder weisellose Völker abseits vom Stand abgewischt.

*Varroakontrolle → S. 111*

## Pflege der Völker

### • Zuckerwasser anrühren

Folgende Mischverhältnisse haben sich bewährt:
1 : 1 (50 %) 1 kg Zucker auf 1 l Wasser.
3 : 2 (60 %) 1 kg Zucker auf 7 dl Wasser. Diese Mischung entsteht, wenn ein Gefäss halb mit Wasser gefüllt und dann so viel Zucker nachgeschüttet wird, bis das Gefäss voll ist. Im Handel gibt es Invertzucker-Fertigfuttersirup (72 %). Seit neuestem wird zudem preisgünstiger Futtersirup aus Maisstärke angeboten. Da es für diese Stärkesirupes noch keine verbindlichen Qualitätsstandards gibt, ist deren Anwendung mit Risiken verbunden. Enthält der Sirup zu viel Maltose und Oligosaccharide, so kann schlechtes, auskristallisiertes Winterfutter entstehen (12, 13).

### *Kontrovers:* Bienentee

Es wird die Meinung vertreten, dass das reine Zuckerwasser mit einer Teemischung angereichert werden soll, die krankheitsvorbeugend wirkt. Die Blüten von Schafgarbe, Kamille, Baldrian und Löwenzahn heiss aufgiessen und 15 Minuten ziehen lassen. Brennnessel, Ackerschachtelhalm und Eichenrinde kalt ansetzen, aufkochen und nach 10 Minuten abgiessen. 10 g pro Pflanze auf 100 l Zuckerwasser genügen (17).

### • Zuckerwassermenge berechnen

Je nach Region soll ein Volk Mitte September 15 bis 20 kg Futtervorrat haben. Angenommen, der Eigenvorrat eines Volkes wird auf 5 kg geschätzt: Dieses Volk braucht also noch gut 10 kg Futter. Wie viel Zuckerwasser muss gefüttert werden, damit daraus 10 kg Winterfutter entsteht?
– 1 l Zuckerwasser im Mischverhältnis 1 : 1 ergibt 0,6 kg Futter, d. h. es müssen 17 l Zuckerwasser gefüttert werden (10 kg : 0,6 kg = 17).
– 1 l Zuckerwasser im Mischverhältnis 3 : 2 ergibt 0,75 kg Futter, d. h. es müssen 14 l Zuckerwasser gefüttert werden.
– 1 l Futtersirup 72 % ergibt 0,9 kg Futter, es müssen 12 l Sirup gefüttert werden.

### *Kontrovers:* Winterfuttermenge

Es wird, meist beim Magazinbetrieb, die Meinung vertreten, dass ein Volk mindestens 20, besser 25 kg Wintervorrat haben sollte. Bei so grossen Futtermengen besteht jedoch die Gefahr, dass im nächsten Frühjahr ein Teil davon in die Honigwaben umgelagert wird. Freistandvölker brauchen zwar tatsächlich etwas mehr Futter als Völker im Bienenhaus, doch genügen meist 18 kg. (5)

### • Futtervorrat kontrollieren

Die Völker dürfen nicht überfüttert werden. Auf 3 bis 5 Waben sollen noch handflächengrosse Brutnester gepflegt werden können (→ Abb. 72, S. 74). Falls alle Waben randvoll gefüllt sind, muss mitten ins Volk eine bebrütete Leerwabe gehängt werden.

*Schweizerkasten* → *S. 73*
*Magazin* → *S. 85*

### • Völker umweiseln und vereinigen

Während oder nach der Futterkontrolle und nach der zweiten Ameisensäurebehandlung können Völker umgeweiselt oder vereinigt werden (umweiseln → Band „Königinnenzucht", S. 42 f.). Zur Beurteilung der Völker (Selektion) dienen die Notizen auf den Stockkarten. Völker mit löchrigem Brutnest, mit starkem Varroabefall oder mit Kalkbrut werden abgewischt, deren Brutwaben eingeschmolzen.

*Schweizerkasten* → *S. 75*
*Magazin* → *S. 86*

Alle Kastensysteme

## 4.9 Einwinterung und Winterkontrollen

*Wann: Oktober bis Dezember*

**Arbeitsschritte**
- Oxalsäurebehandlung (→ S. 111)
- Fluglöcher auf der ganzen Breite öffnen
- Fluglochöffnung maximal 7 mm hoch einstellen oder Mäuseschutz (8 mm Drahtgitter) anbringen
- Baumäste, die an die Kästen oder ans Bienenhaus schlagen, wegschneiden
- Futtergefässe, Werkzeuge, leere Bienenkästen und Bienenhaus reinigen
- eventuell Vogelschutz-Netz anbringen (Spechte)
- Magazine vor Sturmböen sichern
- alle 2 bis 4 Wochen Bienenstand kontrollieren
- verstopfte Fluglöcher von Bienentotenfall und Eis frei machen
- Erschütterungen der Bienenkästen vermeiden
- Notizen auswerten
- Geräte reparieren
- Waben einschmelzen und Mittelwände giessen (→ S. 97)
- Rahmen drahten, Mittelwände einlöten
- Honig vermarkten (→ Band „Bienenprodukte", S. 39)

Abb. 61
**Mäusegitter**
Das Gitter mit 6,3 mm Maschenweite versperrt auch Zwergspitzmäusen den Weg. Der Abstand zwischen Flugbrett (Beutenboden) und Gitteranfang beträgt 6 mm, damit die Bienen freien Durchgang haben und das Flugloch durch Leichenfall nicht verstopft wird.

Abb. 62
**Spechtschutz**
Es kann vorkommen, dass Spechte in freistehende Kästen Löcher schlagen. Ein im Handel erhältliches Vogelschutznetz schafft Abhilfe.

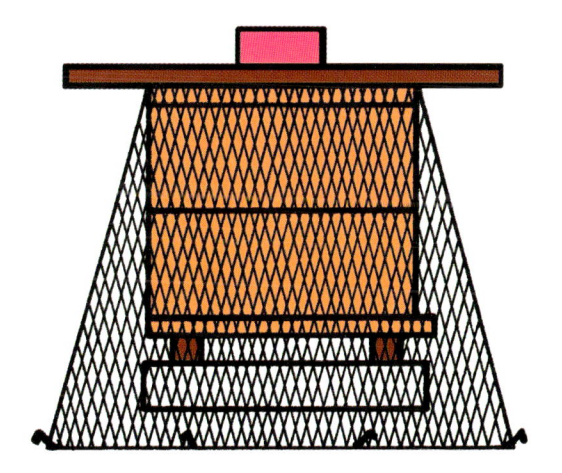

# 4 Pflege der Völker

Abb. 63
**Zugeschneite Fluglöcher**
Bei den Kontrollgängen im Winter müssen nur Eis und tote Bienen im Fluglochbereich entfernt werden, nicht aber die lockere Schneeschicht auf den Flugbrettern.

Abb. 64
**Rahmen drahten**
Es gibt viele Möglichkeiten, wie Rahmen gedrahtet werden können. Hilfreich dazu ist die Einspannvorrichtung einer Hobelbank.

Abb. 65
**Mittelwände einlöten**
Es empfiehlt sich, das Rahmendrahten und Mittelwändeeinlöten im Bienenkurs des Vereins zu lernen oder bei erfahrenen Imkerinnen und Imkern abzugucken.

## 4.10 Bio-Imkerei

Bienenhaltung und Imkereierzeugnisse werden in absehbarer Zeit in die Schweizerische Bio-Verordnung für tierische Erzeugnisse aufgenommen. Die Richtlinien entsprechen der Bio-Verordnung für die Imkerei in der EU. Diese schafft einheitliche Standards für naturbelassene Imkereiprodukte, damit sie unter geschützten Bio-Bezeichnungen verkauft werden können.

### Allgemeine Grundsätze
Die ökologische Qualität der Bienenprodukte wird vor allem durch die Behandlung der Bienenstöcke, die Umwelt und den Umgang mit den Imkereierzeugnissen (Ernte, Verarbeitung, Lagerung) bestimmt.

### Herkunft der Bienen
Die Bienenrasse soll an die Umweltbedingungen angepasst sein. Deshalb sind europäische Rassen der *Apis mellifera* und ihre lokalen Ökotypen zu halten. Die Vermehrung erfolgt durch Teilung der Völker oder durch Zukauf von Schwärmen oder Jungvölkern aus Bio-Imkereien.

### Standort
Er muss in ausreichendem Masse natürliche Trachtquellen (Nektar, Honigtau, Pollen und Wasser) bieten. Im Umkreis von 3 km muss die Bienenweide im Wesentlichen aus Pflanzen des ökologischen Landbaus, aus Wildpflanzen oder aus Kulturpflanzen bestehen, deren Pflege nur eine geringe Umweltbelastung mit sich bringt. Der Bienenstand muss sich in ausreichender Entfernung von nicht landwirtschaftlichen Verschmutzungsquellen befinden.

### Futter
Für die Überwinterung sollen grosse Honig- und Pollenvorräte in den Brutwaben belassen werden. Für die Fütterung ist biologisch erzeugter Honig und, soweit vorhanden, biologisch erzeugter Kristallzucker zu verwenden.

### Krankheiten
Widerstandsfähige Rassen, Jungvolkbildung und Hygiene beugen Krankheiten vor.
Kranke Völker müssen nach der Tierseuchenverordnung behandelt werden. Pflanzliche und homöopathische Heilmittel sind chemisch-synthetischen vorzuziehen. Gegen die Varroa können Ameisen-, Milch- und Oxalsäure sowie Menthol, Thymol, Eukalyptol und Kampfer verwendet werden, gegen Wachsmotten Ameisen- und Essigsäure und Bacillus thuringiensis. Arzneimittelgaben müssen schriftlich festgehalten werden.

### Bienenhaltung
Natürliche Zucht- und Vermehrungsverfahren werden bevorzugt, wie zum Beispiel die Nutzung des Schwarmtriebes. Instrumentelle Besamung und gentechnisch veränderte Bienen sind nicht erlaubt, die Flügel der Königinnen dürfen nicht beschnitten werden.
Aus Waben mit Brut darf kein Honig geerntet werden. Die sachgerechte, hygienische Gewinnung, Verarbeitung und Lagerung der Bienenprodukte muss schriftlich belegt werden. Standortwechsel (Wanderungen) müssen den Kontrollstellen mitgeteilt werden.

### Material
Bienenkästen sollen hauptsächlich aus natürlichen Materialien bestehen, die weder Umwelt noch Bienenprodukte kontaminieren. Bienenwachs für Mittelwände muss, soweit vorhanden, aus Bio-Imkereien stammen. Zum Schutz der Kästen, Rahmen und Waben dürfen nur Materialien verwendet werden, die in der Verordnung für die biologische Landwirtschaft zugelassen sind.

### Kontrolle
Für die Zertifizierung der Bio-Imkereien sind die vom Bund zugelassenen Kontrollstellen zuständig. Sie setzen Umstellungsfristen fest.

# Teil 2: Schweizerkasten

**Erste Durchsicht (Frühjahreskontrolle)**

• **Einengen**
*Fortsetzung von S. 43*

Nicht eingeengte Völker entwickeln sich ebenso gut wie eingeengte (vergleiche Magazin). Die leeren Randwaben dienen als Wärmespeicher. Im Schweizerkasten werden die Völker eingeengt, damit es Platz gibt für Drohnenwaben und Mittelwände. Das Einengen und Warm-Zudecken kann zudem den schwachen Völkern helfen, über die Runden zu kommen; besser wäre aber, wenn „Kümmerlinge" aufgelöst würden.
- alle Waben bis zur Brut herausheben
- Gesundheit der Brut kontrollieren
- eventuell eine letztjährig ausgebaute Drohnenwabe ans Brutnest anschieben (→ Kontrovers, S. 44)
- eine schwere Futterwabe zuhängen
- durchnässte Fenster und Keile ersetzen und von Propolis reinigen
- Volk warm zudecken mit Strohkissen oder -platten oder mit Kunststoffkissen

• **Schwaches Volk mit mittelstarkem Volk vereinigen**
*Fortsetzung von S. 45*

- das schwache Volk in den Wabenknecht hängen, oben die Waben mit Brut, unten die Waben ohne Brut
- Königin abfangen
- beim mittelstarken Empfängervolk alle Waben bis auf die Brut herausnehmen (in einen leeren Kasten hängen)
- Drohnenwabe abwischen (die Königin könnte auf dieser Wabe sein) und beiseite hängen
- Waben mit Brut des schwachen Volkes zuhängen
- Drohnenwabe und 1–2 Vorratswaben anschieben
- überzählige Waben mit Bienen abwischen und Kasten schliessen
- Flugloch des aufgelösten Volkes verschliessen
- Fluglochnische mit Zeitung oder Stoff verhüllen oder Kasten wegnehmen (Bienen betteln sich bei Nachbarvölkern ein)

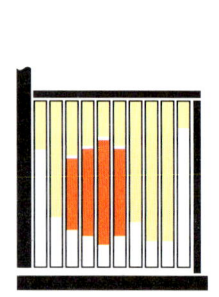

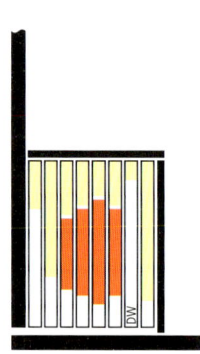

**Schnitt 1**
**Einengen**

Ausgewintertes Volk vor und nach dem Einengen; überzählige Futterwaben und schimmlige Randwaben werden entfernt.

rot = Brut
gelb = Honig- und Pollenvorrat
DW = ausgebaute Drohnenwabe

*zurück auf S. 44*

## Schweizerkasten

Schnitt 2
**Schwache und weisellose Völker vereinigen**
Völker vereinigen

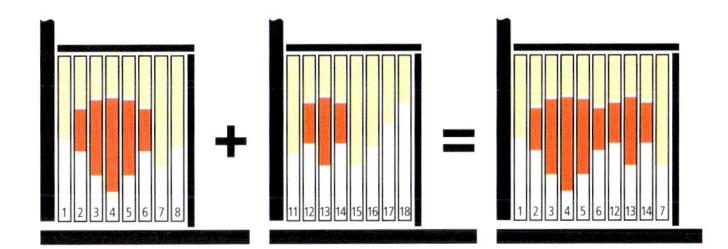

- **Volk abwischen**

  - Volk zur Sättigung in den Wabenknecht hängen
  - Flugloch schliessen und mit Zeitung oder Stoff verhüllen
  - etwa eine halbe Stunde später Bienen an einem sonnigen Platz abwischen (sie betteln sich bei andern ein)

  *zurück auf S. 45*

  **Aufbau – Wabenbau**

- **Reizen**
  *Fortsetzung von S. 46*

  Eine schwere Futterwabe wird mit der Entdeckelungsgabel aufgeritzt und, bei gezogenem Keil, hinter das Fenster gehängt. Die Bienen tragen das offene Futter um. Aufgeritzte Waben dürfen nur gesunden Völkern gegeben werden, die stark genug sind, um das Futter hinter dem Fenster zu holen, sonst ertrinken die Bienen im teilweise auslaufenden Futterbrei, oder es bricht Räuberei aus.

- **Erweitern**
  *Fortsetzung von S. 46*

  Wenn die Bienen die Fensterwabe gut belagern, auf den Beutenboden durchhängen und die Drohnenwabe ausgebaut ist, wird erweitert:
  - eine Mittelwand oder eine wenig bebrütete (junge) Erweiterungswabe zwischen Arbeiterinnenbrut und Drohnenwabe einhängen
  - sobald die Mittelwand ausgebaut und bestiftet ist (dies kann schon nach 2 bis 3 Tagen der Fall sein), eine weitere Mittelwand hinter die erste zuhängen
  - sehr starken Völkern können gleich zwei Mittelwände gegeben werden
  - Fernstand-Imker in guten Frühtrachtgebieten können drei Mittelwände aufs Mal einhängen, aber immer hinter die Drohnenwabe, nicht ins Brutnest!

  Je nach Standort und Trachtsituation werden pro Volk 1 bis 5 Mittelwände ausgebaut. Einige Imker hängen zudem eine zweite Drohnenwabe oder einen Leerrahmen zum Ausbauen zu.

Schnitt 3
**Erweitern**
MW = Mittelwände

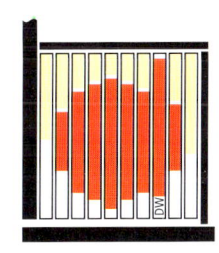

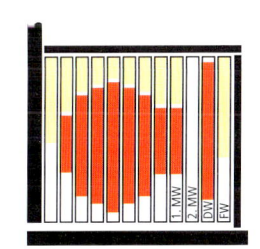

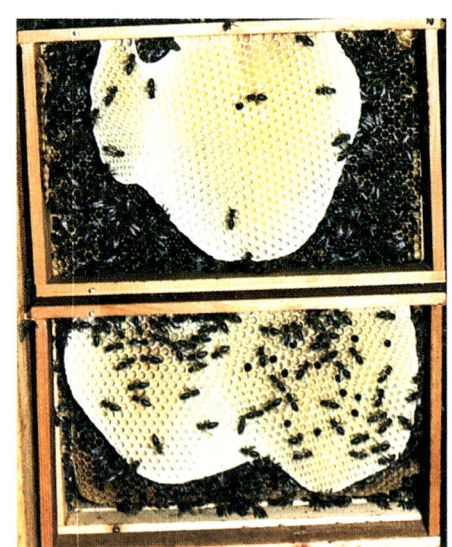

# Pflege der Völker

Abb. 66
**Drohnenwabe**
Links: Nach alter Tradition wurde bei dieser Brutwabe der untere Drittel weggeschnitten. Die Bienen errichteten schnell Drohnenbau. Normale Völker in guter Trachtlage wollen aber viel mehr Drohnen aufziehen. Deshalb können $1/2$ bis $2/3$ der Wabe ausgeschnitten werden.
Rechts: Einfacher ist es, zwei leere Honigrahmen (oder einen leeren Brutrahmen) einzuhängen. Dies ist auch hygienischer, weil eine vollständig neue Wabe entsteht.

- **Baurahmen geben**

Zwei Halbrahmen (Honigrahmen) oder ein Ganzrahmen werden als letzte Wabe eingehängt. Die Bienen errichten Drohnenbau. Sobald die Waben gebaut sind, was am Fenster leicht zu beobachten ist, werden sie ausgeschnitten und im Sonnenwachsschmelzer eingeschmolzen. Dies ist auch möglich, wenn schon Rundmaden vorhanden sind.
Der Baurahmen liefert reines Wachs und dient als „Schwarmbarometer": Wenn ein starkes Volk bei Tracht das Bauen auf halbem Weg einstellt, wird es vermutlich schwärmen.

- **Honigräume geben**

Wenn ein Volk auf ungefähr 12 Waben sitzt, die Fensterwabe gut besetzt und vollständig auf den Kastenboden durchhängt, kann der erste Honigraum aufgesetzt werden. Es können ausgebaute, unbebrütete Honigwaben oder, je nach Standort und Tracht, auch Mittelwände eingehängt werden. Sobald es in der hintersten Honigwabe glänzt, wird der zweite Honigraum gegeben.

- **Brutwaben umstellen**

Im Laufe des Sommers, wenn möglich vor dem längsten Tag, müssen die Brutwaben umgehängt werden: die Jungwaben sollen dabei nach vorne, in den zukünftigen Wintersitz, die ältesten Waben aber nach hinten kommen. Sie werden beim Einengen im Spätherbst oder Frühling ausgeschieden.
Diese Wabenbauumstellung kann bei der Ernte des Frühjahreshonigs, bei einer Schwarmkontrolle, bei einer Umweiselung oder bei der Ernte des Sommerhonigs durchgeführt werden.

Schnitt 4
**Wabenbau umstellen**

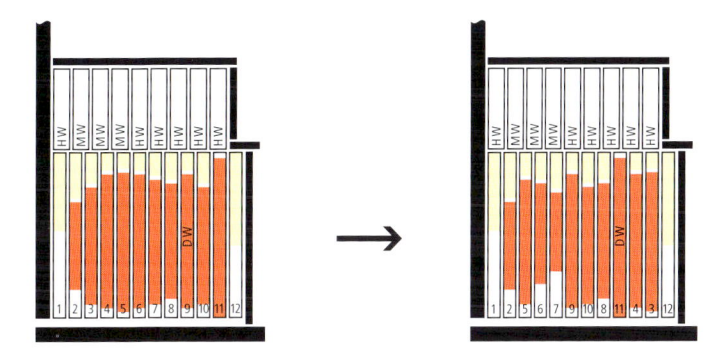

*zurück auf S. 47*

## Künstliche Vermehrung
*Fortsetzung von S. 52*

### Ableger

Schnitt 5
**Ablegerbildung**

Abb. 67
**Brutwabe für die Ablegerbildung**
Grossflächig verdeckelte Brutwaben eignen sich besonders gut für die Ablegerbildung. Gleichzeitig verliert das Spendervolk einen Teil der Varroamilben ( → S. 111).

### Saugling
Bei der Ablegerbildung mit Hilfe des Sauglings muss die Königin nicht gesucht werden.

*Arbeitsschritte*
– einem schwarmfreudigen oder starken Volk 2–5 Brutwaben mit viel verdeckelter Brut, aber ohne Bienen entnehmen und in den Wabenknecht hängen
– im Spendervolk Absperrgitter an Brutwaben anschieben
– bienenfreie Brutwaben hinter das Absperrgitter einhängen
– Kasten schliessen (die Bienen wandern nun durch das Absperrgitter auf die Brut = werden angesaugt)
– 2 Stunden später, oder am nächsten Tag, Brutwaben hinter Absperrgitter mit Bienen entnehmen und damit Ableger bilden
– Leerraum im Spendervolk mit Mittelwänden oder Jungwaben ausfüllen
– Saugling (Ableger) auf Jungvolkstand bringen (weiter wie Brutableger)

*zurück auf S. 52*

## 4 Pflege der Völker

**Natürliche Vermehrung**

• **Schwarm einlogieren**
*Fortsetzung von S. 55*

- in neuen Bienenkasten Mittelwände einhängen (pro 1 kg Schwarmbienen ca. 3 Mittelwände (2 kg Schwarm = 6 Mittelwände)
- Deckbrett mit Futterloch auflegen
- Bienentrichter anhängen
- Schwarm mit kräftigem Stoss in den Kasten schlagen
- Bienen einlaufen lassen
- Fenster sachte einschieben, Kastentüre schliessen
- Flugloch öffnen
- am nächsten Tag Fenster ganz an die Mittelwände anschieben, mit Keil und Deckbrett abschliessen, warm zudecken
- am zweiten Tag nach dem Einlogieren abends füttern

**Frühjahreshonigernte**

• **Honigwaben herausnehmen**
*Fortsetzung von S. 56*

- verdeckelte Honigwaben bienenfrei in schliessbare Wabentransportkiste einhängen
- unverdeckelte Honigwaben in den Wabenknecht hängen
- sparsam mit Rauch umgehen (Fremdgeruch im Honig)
- 2 bis 4 Brutwaben kontrollieren: Eigenproviant des Volkes abschätzen
- unverdeckelte Honigwaben ins Volk zurückhängen (mindestens 6 kg Honig im Volk belassen)
- wenn auch unverdeckelte Honigwaben geschleudert werden, Stossprobe machen
- Honigräume mit leeren Honigwaben auffüllen, Fenster anschieben

Abb. 68
**Schwarm einlogieren**
Meist hängt der Schwarm am Schwarmkistendeckel. Er wird möglichst weit in den Kasten hinein gehalten und abgestossen.

*zurück auf S. 55*

**Schweizerkasten**

Abb. 69
**Honigwaben entnehmen**
Die Bienen auf den verdeckelten Honigwaben werden über dem Bienentrichter mit einem Faustschlag auf den Wabenrahmen abgestossen und mit der Bienenbürste abgewischt.

*zurück auf S. 56*

### Sommertrachternte und Herbstkontrolle
*Fortsetzung von S. 60*

#### Variante 1
Der Wabenbau wurde vorher umgestellt. Eine kurze Herbstkontrolle (Brut, Futter) wird später, im August oder September, vorgenommen.

*Arbeitsschritte*
– alle Honigwaben herausnehmen, Bienen abklopfen und abwischen
– Honigwaben in schliessbare Wabentransportkiste einhängen
– 2 bis 4 Brutwaben bis zur Brut herausnehmen
– Futtervorrat (über den Daumen gepeilt) abschätzen
– brutfreie, alte Drohnenwabe und wenn möglich weitere alte, brutfreie Waben abwischen
– schöne Abschlusswaben zurückhängen (Volk auf ungefähr 10 bis 12 Waben einengen)

Schnitt 6
**Volk vor und nach der Ernte**
Die Wabenbauumstellung erfolgte vorher.

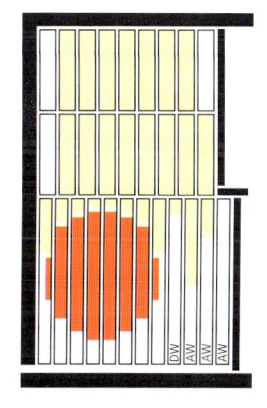

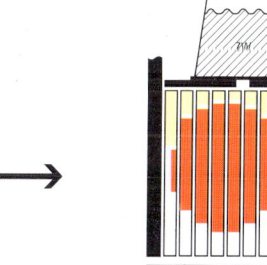

## 4 Pflege der Völker

### Variante 2

Der Wabenbau wurde noch nicht umgestellt. Ernte und Umstellung werden hier in einem Arbeitsgang erledigt, was wegen Räubereigefahr nur in einem geschlossenen Bienenhaus möglich ist. Diese Variante erfordert viel Zeit pro Volk.

*Arbeitsschritte*
- ganzes Volk in den Wabenknecht hängen, oben die Brut-, unten die Honigwaben
- Brut kontrollieren, Futter einschätzen
- an vorderster Stelle brutfreie Wabe einhängen (= Einstiegswabe)
- alle Waben mit Brut in den Kasten zurückhängen, dabei Wabenbau umstellen
- alte Waben, die ausgeschieden werden sollten, aber noch Brut enthalten, zuhinterst einhängen
- auf 10 bis 12 Waben einengen
- Fenster anschieben, Deckbrett mit Futterloch auflegen
- brutfreie Drohnenwaben und alte, überzählige brutfreie Waben abwischen
- Honigwaben abwischen und in bienendichte Transportkiste versorgen

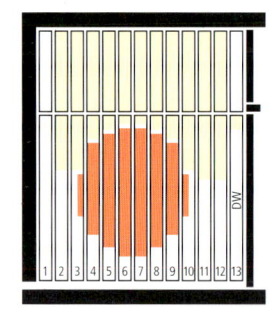

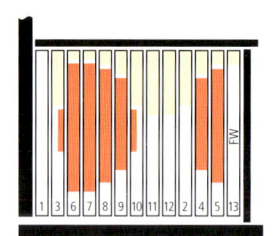

Schnitt 7
**Volk vor und nach der Ernte**
Die Wabenbauumstellung erfolgte gleichzeitig.

Abb. 70
**Sommerhonigernte**
So wird das ganze Volk in den Wabenknecht gehängt. Im wabenfreien Bienenkasten können nun störende Propolis- und Wachsansammlungen weggekratzt werden. Zwischenzeitlich steigen viele Bienen von den Honigwaben auf die Brutwaben hinauf, was das Abwischen der Honigwaben erleichtert. Deshalb werden diese unter den Brutwaben eingehängt.

*zurück auf S. 61*

## Aufütterung
*Fortsetzung von S. 62*

Abb. 71
**Futtergeräte**
Links: Futtereimer mit Siebeinsatz.
Mitte: Leuenbergerli.
Rechts: Futtertrog.

*Futtereimer mit Siebeinsatz*
Der volle Eimer wird über einem Gefäss gekippt und seitlich leicht zusammengedrückt, damit sich ein Vakuum bilden kann. Dann wird er auf das Futterloch im Deckbrett geschoben. 5-l-Eimer sind einfacher auf die Völker zu schieben als 8-l-Eimer. Die Bienen nehmen das Zuckerwasser langsam aus dem feinen Sieb im Deckel ab. Der Eimer bietet die schonendste Fütterung der Völker: kleine Abnahmefläche, steter Futterstrom, keine Räubereigefahr.
Der Siebeinsatz im Deckel des Futtereimers wird von den Bienen oft verpropolisiert. Zur Reinigung kann der Deckel in Brennsprit eingelegt und anschliessend mit Wasser abgewaschen werden. Oder das verstopfte Sieb wird im Winter, bei Kälte, mit einer Stahldrahtbürste ausgeklopft.

*Deckbrett-Futtertrog*
Er fasst, je nach Modell, 2 bis 6 l und wird auf das Deckbrett oder direkt auf die Brutwaben gelegt. Er ist schnell und leicht auffüllbar. Die Bienen nehmen das Futter sehr schnell ab.

*Leuenbergerli*
Althewährtes Futtergeschirr, das hinten am Fenster angeschoben oder oben anstelle eines Deckbrettchens auf die Brutwaben gelegt werden kann. 1 bis 3 Flaschen können in den Trog gestellt werden.

## Pflege der Völker

### • Futterkontrolle

*Wann: Mitte September*

Hat das Volk genug Futter? Eine genaue Futterkontrolle ist im Schweizerkasten sehr zeitaufwändig. Jede Brutwabe müsste aus dem Kasten gehoben und geschätzt werden. Um sich diese Arbeit ersparen zu können, werden ungenaue, regional unterschiedliche „Faustregeln" empfohlen. Einige Beispiele:

– Es werden nicht alle, sondern nur 2 bis 5 Brutwaben in den Wabenknecht gehängt und geschätzt. Dabei wird davon ausgegangen, dass in den fluglochnahen Waben eher weniger Futter eingelagert wird als hinten im Kasten.
– Das Volk wird auf ungefähr 10 Waben eingeengt. Es wird so lange gefüttert, bis die Fensterwabe halb verdeckelt ist. Scheint ein Volk aber mehr als 20 l zu brauchen, muss es kontrolliert werden. Vielleicht wird es still ausgeraubt, oder es hat allen Vorrat weiter vorne eingelagert (101).
– Das Volk wird auf 12 Waben eingeengt. Es wird so lange gefüttert, bis die hinterste Wabe Mitte September mässig glänzt (102).
– Die Futtermenge basiert auf einem langjährigen durchschnittlichen Erfahrungswert. Beispiel: Jedes Volk, von dem Honig geerntet werden konnte, erhält prinzipiell 3 mal 6 l Zuckerwasser. Ein eventuell nötiger Futterausgleich erfolgt im Frühjahr (→ S. 43).

Abb. 72
**Futtervorrat schätzen**

Links: Die zu ²/₃ verdeckelte Brutwabe enthält rund 2 kg Honig. Unten rechts auf der Wabe wurde viel Pollen eingelagert. Ideal ist, wenn solche Waben mit grossem Pollenvorrat ans Herbstbrutnest anschliessen. Rechts: Die Wabe stammt aus dem Zentrum eines fertig eingefütterten Volkes. Sie enthält rund 1,5 kg Futter. Das Brutnest befindet sich in der unteren Hälfte. Dort wird das Volk die Wintertraube bilden.

**Schweizerkasten**

Bei der Bestimmung der Futtermenge muss die Herbsttracht mit berücksichtigt werden:
- Honigt die Weisstanne noch sehr spät? In diesem Fall muss nach Ende der Tracht Waldhonig aus dem Wintersitz entfernt und durch Zuckerfütterung ersetzt werden (Ruhrgefahr, siehe S. 113).
- Blühen Phazelia- oder Sonnenblumenfelder in der Nähe? In diesem Fall muss weniger gefüttert werden.

Um Spättrachten erkennen zu können, empfiehlt es sich, ein oder zwei Völker auf Bienenstockwaagen zu halten.

*zurück auf S. 62*

- **Vereinigen**

*Fortsetzung von S. 62*

- aufzulösendes Volk entweiseln und in den Wabenknecht hängen
- beim Empfängervolk alle Vorratswaben bis zur Brut abwischen und beiseite hängen
- 2 Lagen Zeitungspapier an Brutwabe anschliessen
- Waben mit Brut des entweiselten Volkes an die Zeitung anschieben
- 2 schwere Vorratswaben zugeben
- alle Bienen zuwischen, Kasten schliessen

(Es wird empfohlen, die Zeitung mit Honig zu bestreichen; doch verursacht dies Aufregung im Volk.)

- **Einengen**

Die hintersten Altwaben werden bei gezogenem Keil hinters Fenster gehängt. Die Bienen tragen das offene Futter nach vorne, und die Waben können im November im Wabenschrank versorgt werden. Sie dienen als Vorratswaben im nächsten Frühjahr.

*zurück auf S. 63*

Schnitt 8
**Völker vereinigen**

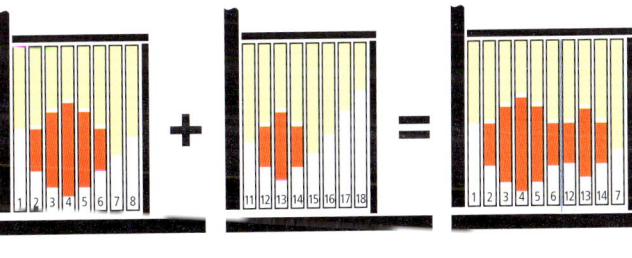

Schnitt 9
**Volk einengen**

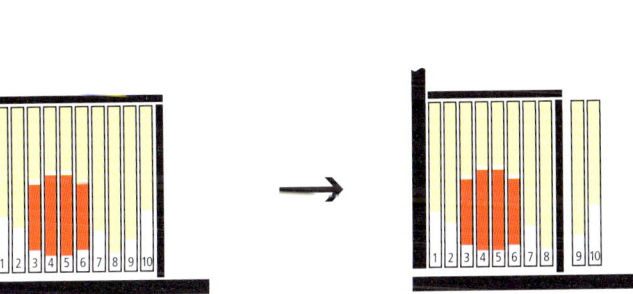

# Teil 3: Magazin

**Erste Durchsicht
(Frühjahrskontrolle)**

- **Raum der Volksstärke anpassen („Einengen")**
*Fortsetzung von S. 43*

Bei einer Überwinterung auf zwei Zargen „wandert" das Bienenvolk im Laufe des Winters teilweise oder ganz in die obere Zarge. Bei kleineren Völkern, die bei der ersten Durchsicht nur in der oberen Zarge sitzen, wird die Bodenzarge entfernt, bevor das Volk sein Brutnest in die untere Zarge ausdehnt. Die Altwaben aus dieser Zarge werden zum Einschmelzen herausgeschnitten (→ S. 95).
Schimmlige Randwaben werden durch Leerwaben oder, falls nötig, durch Futterwaben ersetzt.

*Für den Dadant-Kasten*
Je nach Volksstärke wird auf 6 bis 9 Waben eingeengt und das Trennschied angeschoben. Alte Waben mit Futterresten können zum Ausfressen ausserhalb des Trennschiedes eingehängt werden.

- **Kastenteile auswechseln**

Magazine im Freien sind der Witterung ausgesetzt. Aufgequollene, stark verschmutzte Kastenböden, Dächer und Innendeckel werden ausgewechselt.

*Kontrovers:* **Brut zentrieren**
Bienenvölker legen ihre Brutnester an der sonnenbeschienenen, warmen Kastenseite an. Es wird die Meinung vertreten, dass Brutnester, die stark seitlich im Kasten angelegt werden, „eingemittet" (zentriert) werden sollen, damit sich das Volk nach allen Seiten ausdehnen kann. Es gibt jedoch keine Untersuchung, die diese These unterstützen würde.

Abb. 73
**Eingeengtes Volk im Dadant-Kasten**
Das Volk wird im Herbst und Vorfrühling seitlich mit einem Schied eingeengt. Sobald es wächst, werden, ähnlich wie im Schweizerkasten, schrittweise Mittelwände an die Brut gehängt.

**Magazin**

### • Futtervorrat kontrollieren

Abb. 74
**Volk wägen**
Freistehende Magazinvölker müssen für die Futterkontrolle nicht geöffnet, sondern können mit einer Zugwaage gewogen werden. Das Magazin wird beidseitig gewogen. Die Resultate werden addiert. 10 % dazugerechnet ergeben das Bruttogewicht.

*zurück auf S. 44*

### • Völker vereinigen
*Fortsetzung von S. 45*

– mittelstarkes Empfängervolk auf eine Zarge umhängen
– entweiseltes, schwaches Volk auf Empfängervolk aufsetzen

*Für den Dadant-Kasten*
Waben mit Brut und Bienen des schwachen, entweiselten Volkes werden direkt neben die Brut des stärkeren Volkes eingehängt.

### • Drohnenwabe oder -rahmen einhängen

Üblicherweise wird bei der Einwinterung eine jüngere Drohnenwabe im Volk belassen. In diesem Falle erübrigt sich das Zuhängen einer Drohnenwabe bei der ersten Durchsicht. Etwas später, etwa zur Zeit der wilden Kirschblüte, wird ein Leerrahmen ans Brutnest angeschoben. Dies ergibt die zweite Drohnenwabe (→ S. 79).

*Für den Dadant-Kasten*
Als Drohnenwabe wird, ähnlich wie im Schweizerkasten, eine Brutwabe zu zwei Dritteln ausgeschnitten und ans Brutnest geschoben (→ Band „Königinnenzucht", Abb. 36, S. 33).

Schnitt 10
**Völker vereinigen**

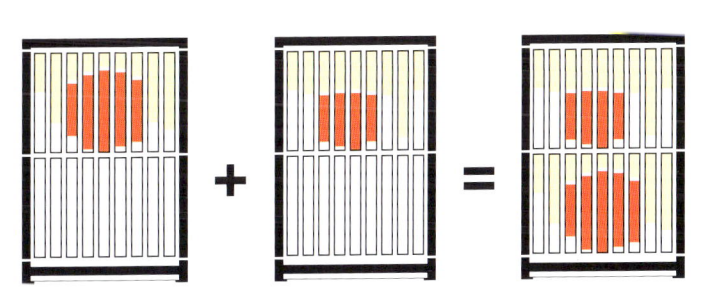

# 4 Pflege der Völker

- **Völker abwischen**

- Weisellose, drohnenbrütige oder schwache Völker etwa 10 m abseits vom Stand auf den Boden stellen
- kurze, kräftige Rauchstösse durchs Flugloch und unter den Deckel geben, damit sich die Bienen mit Honig vollsaugen
- eine halbe Stunde später die Bienen von allen Waben ins Gras abwischen

Abb. 75
**Volk abwischen**
Das schwache Volk wird abseits vom Stand (hinten) abgewischt. Die Bienen betteln sich beim Nachbarvolk ein. Abseits vom Stand abwischen ist wichtig, damit eventuelle Afterköniginnen (oder eine unbegattete Jungkönigin) nicht ins weiselrichtige Volk gelangen und dort die Eier legende (und deshab weniger bewegliche) Königin abstechen.

*zurück auf S. 45*

- **Reizen**
*Fortsetzung von S. 46*

Abb. 76
**Futterwabe aufdrücken**
Die Zellen werden mit dem flachen Ende des Stockmeissels nur leicht angedrückt, ohne Gräben in die Wabe zu ziehen.

**Kontrovers: Reizmassnahmen**
Als brutfördernde Massnahme wird empfohlen, die Futtergürtel über der Brut des oberen Magazins mit dem Stockmeissel leicht anzudrücken (14). Das Futter wird von den Bienen umgetragen. Später, in einem nächsten Schritt, werden die seitlichen Futterwaben ebenfalls aufgeritzt und zwischen die Waben mit Brut eingehängt, sofern das Volk stark ist und die Brut gut besetzt. Doch auch diese Reizmassnahmen ergeben später keine stärkeren Völker.

*zurück auf S. 46*

Magazin

- **Erweitern**
*Fortsetzung von S. 46*

Wenn die Bienen alle Wabengassen gut besetzen, auf mindestens 6 Waben pro Zarge Brut pflegen und auf den Beutenboden leicht durchhängen, wird erweitert:
– ans Brutnest 1 bis 2 Leerrahmen zum Ausbauen einhängen (=Drohnenwaben), falls dies nicht schon vorher geschah
– eine neue Zarge aufsetzen, in die ungefähr 4 Jungwaben und 6 Mittelwänden eingehängt wurde (Jungwaben in der Mitte, Mittelwände seitlich)
– sobald die aufgesetzte Zarge gut mit Bienen besetzt ist und die Mittelwände ausgebaut sind, weitere Zarge mit Jungwaben und eventuell Mittelwänden aufsetzen

*Für den Dadant-Kasten*
In regelmässigen Abständen, je nach Tracht und Volksstärke, werden Mittelwände ans Brutnest eingehängt (jährlich 3 bis 4 Stück). Gleichzeitig können ausserhalb des Schieds Futterwaben zum Ausfressen zugegeben werden. Sobald die Mittelwände im Brutraum ausgebaut und bestiftet sind, wird die halb hohe Zarge mit unbebrüteten Honigwaben aufgesetzt.

Abb. 77
**Dadant-Kasten: Honigmagazin aufsetzen**
Zwischen Brut- und Honigraum wurde bei diesen Völkern ein Absperrgitter eingelegt, um zu verhindern, dass die Königin die Honigwaben bestiftet.

*zurück auf S. 47*

- **Schwarmkontrolle**
*Fortsetzung von S. 48*

Abb. 78
**Schwarmkontrolle**
Die Überwachung des Schwarmtriebes ist beim Magazin einfach, weil sich die Königinnenzellen meist an den Rähmchenunterleisten befinden. Wenn die Brutraumzargen aufgekippt werden, sind die Näpfchen leicht zu kontrollieren. Diese Methode bietet allerdings keine 100%ige Sicherheit.

*zurück auf S. 49*

# 4 Pflege der Völker

## Künstliche Vermehrung
*Fortsetzung von S. 52*

### • Ableger bilden

*Für den Dadant-Kasten*
Drei Waben mit vorwiegend verdeckelter Brut werden dem Muttervolk mit Bienen, aber ohne Königin entnommen und zwischen zwei Futterwaben in einen Ablegerkasten gehängt.

### Saugling
*Arbeitsschritte*
– einem oder mehreren Völkern 2 bis 5 Brutwaben mit viel verdeckelter Brut, aber ohne Bienen entnehmen
– Leerraum im Spendervolk mit Mittelwänden oder Jungwaben ausfüllen
– bienenfreie Brutwaben zwischen 2 bis 3 Futterwaben in neue Zarge einhängen
– auf Spendervolk oder auf ein anderes, bienenstarkes Volk („Fleischvolk") ein Absperrgitter auflegen und darauf Zarge mit bienenfreien Brutwaben aufsetzen, mit Beutendeckel schliessen (die Bienen wandern nun durch das Absperrgitter auf die Brut)
– zwei Stunden später, oder am nächsten Tag, Zarge abheben, auf ein neues Bodenbrett stellen und auf den Jungvolkstand bringen (weiter wie Brutableger)

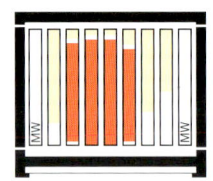

Schnitt 11
**Ablegerbildung**

Abb. 79
**Brutwabe für die Ablegerbildung**
Diese Brutwabe mit viel verdeckelter Brut und Honig- und Pollengürteln eignet sich gut für die Ablegerbildung.

Abb. 80
**Vier-Waben-Ablegerkasten (Ruck-Zuck-Kasten)** (26)
Die Ablegerbildung geht schneller und einfacher, wenn am Ablegerkasten ein Bienentrichter mit Absperrgitter angehängt werden kann:
– bienenfreie Ablegerbrutwaben zwischen Futterwaben in den Kasten hängen
– Bienen aus 3 bis 5 starken Völkern in den Trichter wischen (pro Ablegerwabe eine gut besetzte Brutwabe abwischen und am Schluss noch eine dazu)
– eventuell abgewischte Königin am Absperrgitter abfangen und ins Spendervolk zurückgeben.

## Spezialfall: Zwischenableger (14a)

Die Zwischenablegerbildung empfiehlt sich dann, wenn ein Volk bereits gut entwickelte oder gar verdeckelte Schwarmzellen hat, wenn der Imker seinen Völkerbestand nicht vermehren will und wenn die Volksstärke für eine frühe Sommertracht erhalten bleiben soll. Diese Methode ist nur empfehlenswert für starke Völker während einer anhaltenden, guten Frühtracht.

*Arbeitsschritte*
– die Honigzargen abheben und beiseite stellen
– alle Brutzargen beiseite stellen
– das alte Bodenbrett am Ort belassen, darauf eine neue Zarge stellen
– zwei Waben mit offener Brut und Eiern dem Volk entnehmen und ohne Bienen in die neue Bodenzarge einhängen
– zwei schwere Vorratswaben oder zwei schwere Honigwaben neben die Waben mit offener Brut einhängen und Bodenzarge mit Mittelwänden auffüllen
– Zarge mit einem Zwischenboden verschliessen (der Zwischenboden ist ein Deckel, der an der Oberseite ein Flugloch hat)
– das ganze Volk inklusive Honigzargen auf diesen Zwischenboden stellen
– beim Zurückstellen alle Waben ziehen und alle Schwarmzellen ausbrechen

Die Flugbienen fliegen nun in die Bodenzarge ein und ziehen dort neue Königinnen nach. Der Schwarmtrieb im aufgesetzten Volk erlischt.
Nach neun Tagen kann der Zwischenableger mit dem Ursprungsvolk rückvereinigt werden. Dazu müssen im Flugling alle Königinnenzellen ausgebrochen werden.
Variante: Der Flugling wird auf den Jungvolkstand gebracht und wie ein Brutableger weiter gepflegt (→ S. 52, 53).

Schnitt 12
**Zwischenableger**
A Ausgangslage
B Zwischenableger gebildet
C rückvereinigt

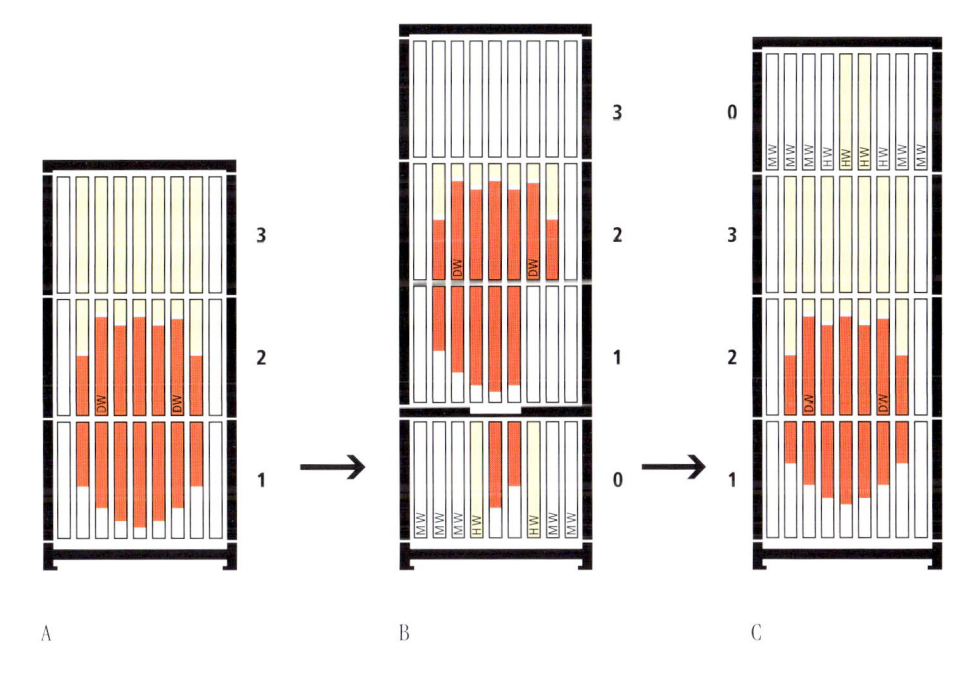

*zurück auf S. 52*

# 4 Pflege der Völker

## Natürliche Vermehrung

### • Schwarm einlogieren
*Fortsetzung von S. 55*

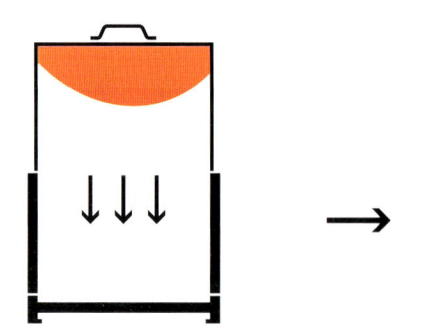

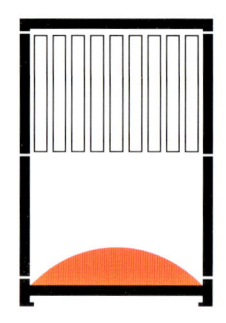

Schnitt 13
**Schwarm einlogieren**

- Leerzarge auf Bodenbrett stellen
- Schwarm aus Schwarmkiste mit kräftigem Stoss in die Leerzarge abstossen
- sofort Zarge mit Mittelwänden aufsetzen und Magazindeckel auflegen
- Flugloch öffnen
- am nächsten Tag Leerzarge entfernen
- zwei Tage nach dem Einlogieren abends füttern

*Für den Dadant-Kasten*
- 5 bis 6 Mittelwände und ein Trennschied in den Kasten hängen
- Schwarm in den leeren Kastenteil abstossen
- Kastendeckel schnell auflegen

*zurück auf S. 55*

## Frühjahrshonigernte
*Fortsetzung von S. 56*

Beim Magazin enthält der Honig oft 1–2% mehr Wasser als beim Schweizerkasten, dies vermutlich aufgrund anderer Luftzirkulation. Honig ist im Magazin vor allem dann feuchter, wenn er aus der obersten Zarge oder aus Randwaben stammt und wenn er in Dickwaben oder in tief ausgezogenen Zellen lagert (10a).

Deshalb muss der Magazinimker darauf achten, dass
- die Magazine zur Zeit der Ernte gut mit Bienen besetzt sind
- unverdeckelte Randwaben nicht geschleudert werden
- die Honigernte bei trockener Witterung durchgeführt wird

### • Honigwaben herausnehmen

- halb oder ganz verdeckelte, brutfreie Honigwaben herausheben und ins Volk abwischen
- Honigwaben in Transportzarge einhängen, Zarge zudecken
- sparsam mit Rauch umgehen (Fremdgeruch im Honig)
- Futterkontrolle in Brutraumzargen (Volk muss mindestens 6 kg Vorrat haben)
- unverdeckelte Randwaben zurück ins Volk hängen
- Zarge mit leeren Honigwaben auffüllen

*Variante 1*
Wenn die Honigwaben direkt ins Volk abgewischt werden, entsteht manchmal eine unruhige, aggressive Stimmung. In diesem Fall werden die Honigwaben vorerst in eine Schwarmkiste oder Kartonschachtel abgestossen und abgewischt. Sobald das Volk

Magazin

Schnitt 14
**Magere Frühtrachthonigernte**
Dieses Volk pflegt auch im dritten Magazin Brut. Es können nur zwei Waben geerntet werden. Dafür verbleibt viel Blütenhonig im Volk.

Schnitt 15
**Gute Frühtrachthonigernte**
Bei diesem 3-Zargen-Volk könnte die ganze dritte Zarge geerntet werden, doch der verbleibende Vorrat in der zweiten Zarge wäre dann vermutlich zu gering.

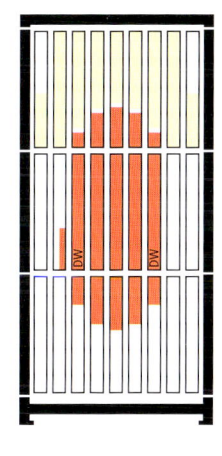

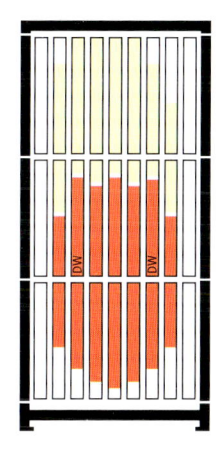

fertig abgeerntet, kontrolliert und mit Leerwaben aufgefüllt ist, werden die Bienen aus der Kiste zurückgeschüttet.

**Variante 2**
Wurde zwischen Brutraum- und Honigraumzargen ein Absperrgitter eingelegt, so kann jetzt an Stelle des Absperrgitters ein Zwischenboden mit Bienenfluchten eingesetzt werden. Die Honigraumzargen entleeren sich dann von selbst und können am nächsten Tag bienenfrei abgehoben werden. Der Einsatz von Bienenfluchten ist auch dann möglich, wenn in der Honigzarge keine Brut vorhanden ist, was nur bei sehr guten Frühtrachten der Fall ist.

*zurück auf S. 56*

## Sommertrachternte und Herbstkontrolle
*Fortsetzung von S. 60*

Abb. 81
**Bienenfluchten**
In den Fütterungsöffnungen des Magazininnendeckels oder in speziellen Deckeln werden Bienenfluchten eingesetzt. Dies sind im Handel erhältliche Einsätze aus Kunststoff, die es den Bienen ermöglichen, nach unten, aber nicht mehr hinauf zu schlüpfen. Die Bienen auf den Honigwaben über der Bienenflucht suchen die Brutnähe oder wollen zum Sammeln ins Freie fliegen, wodurch sich die Honigzargen innerhalb eines Tages allmählich entleeren.

# 4 Pflege der Völker

*Arbeitsschritte*
*Schnitt 16:*
- Honigzargen abheben
- Zargen mit Brut kontrollieren (Futter, Brutgesundheit)
- Bienenflucht auflegen, Honigzargen zurücksetzen
- ungefähr 24 Stunden später bienenfreie Honigzargen abheben
- Bienenflucht durch Futtertrog ersetzen

*Schnitt 17:*
*Variante 1:* Zarge D mit Bienenfluchten abernten. Das Volk auf drei Zargen A,B,C einwintern. Bodenzarge A im November, Februar oder März entfernen.
*Variante 2:* Zarge B aufs Bodenbrett stellen. Waben mit Brut aus Zarge A in B einhängen. Zarge C auf B stellen. Zarge D abernten.
Wenn ohne Bienenflucht gearbeitet wird, müssen die Bienen auf den Honigwaben oder brutfreien Waben in eine Kiste abgewischt und dann in den Kasten zurückgeschüttet werden (→ S. 82–83).

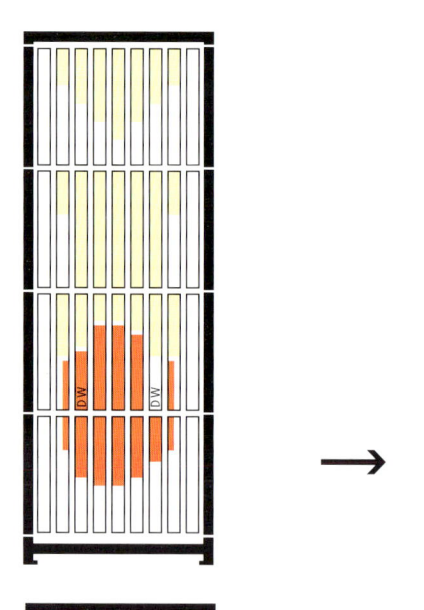

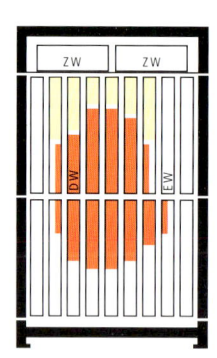

Schnitt 16
**4-Zargen-Volk mit guter Honigernte**

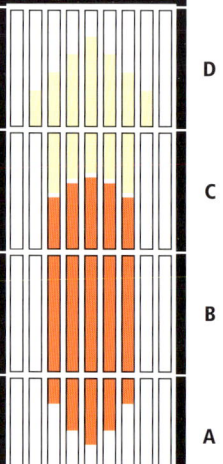

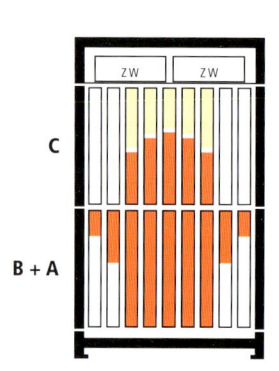

Schnitt 17
**4-Zargen-Volk mit mittlerer Honigernte**

*zurück auf S. 61*

## Einfütterung
*Fortsetzung von S. 62*

Abb. 82
**Futtertrog aus Kunststoff**
Er fasst 7 Liter und ist bequem auffüllbar. Links: mit Abdeckhaube. Rechts: mit Strohfüllung. Weil die Bienen manchmal zwischen Aufstiegskanal und Abdeckhaube ertrinken, ist es besser, die Aufstiegshaube zu entfernen und den Bienen den ganzen Trog frei zugänglich zu machen. Als Steighilfe wird viel Stroh aufs Zuckerwasser gelegt.

Abb. 83
**Futtertrog aus Holz**
Der breite Aufstiegskanal ist besser als die runde Aufstiegsöffnung im Kunststofftrog. Holztröge müssen aus astfreiem Holz gefertigt und wasserfest verleimt werden.

Abb. 84
**Werkzeugschale**
Preisgünstig und handlich ist diese umfunktionierte Werkzeugtrage. Sie wird direkt auf die Brutwaben, in ein Leermagazin, gestellt. Als Schwimmmaterial dienen Korkzapfen, Stroh oder unbehandelte Holzwolle. An Stelle der Werkzeugtrage kann auch eine gewöhnliche Plastikbox als Futtertrog verwendet werden.

Abb. 85
**Futterteig (3 Teile Puderzucker, 1 Teil Honig)**
15 kg Futterteig werden in einer Leerzarge auf ein Absperrgitter gelegt. Der Teig bleibt seitlich und oben mit Plastik zugedeckt, damit er durch die Stockluft feucht bleibt. Die Bienen nehmen das Futter langsam und stetig ab. Die Methode eignet sich besonders gut für Fernstand-Imker. Futterteig ist auch im Handel erhältlich.

## 4 Pflege der Völker

- **Futter kontrollieren**

Magazine wägen (→ Abb. 74, S. 77)

*zurück auf S. 62*

- **Vereinigen**
*Fortsetzung von S. 62*

– Königin bei Volk 1 oder Volk 2 entfernen
– auf Zarge A Zeitung auflegen
– Zarge C auf Zeitung stellen
– Futterzarge B aufsetzen

Das Volk wird auf 3 Zargen überwintert. Vermutlich ist Zarge A im Februar/März beinahe bienenleer und kann entfernt werden. Falls das Volk aber in Zarge A brütet, wird Zarge B entfernt.

*Für den Dadant-Kasten*
Das entweiselte Volk wird in den Kasten des weiselrichtigen Volkes seitlich zugehängt. Zwischen die beiden Volksteile wird Zeitungspapier eingelegt, damit die Vereinigung langsam vollzogen wird. Bienen auf überzähligen Waben werden über den umgehängten Brutwaben abgewischt.

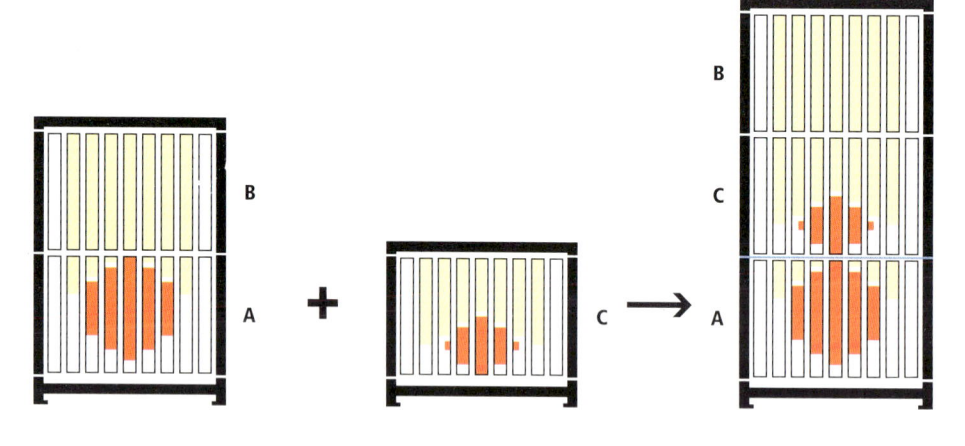

Schnitt 18
**Völker vereinigen**

Abb. 86
**Völker nach der Vereinigung**
Jungvölker können im September besonders gut mit entweiselten Altvölkern vereinigt werden. Das Zeitungspapier bewirkt, dass die Völker langsam zueinander finden. Nach ungefähr 48 Stunden haben die Bienen das Papier weggenagt.

*zurück auf S. 63*

# 5 Wanderung

Anton Heinz
Martin Dettli
Matthias Lehnherr

In waldtrachtlosen Jahren gibt es im schweizerischen Mittelland oft nur eine kurze Frühtracht (Löwenzahn, Kirsche, Obst, Raps). Eine Ausnahme davon sind Stadt- und stadtnahe Gebiete, weil es dort dank der gut bewässerten Gartenflora und der ausgedehnten Baumalleen meist den ganzen Sommer über reichlich honigt. Es ist deshalb in erster Linie für Imkereien in ländlichen Gebieten unter 800 m ü. M. empfehlenswert, mit den Völkern in trachtreiche Gebiete zu wandern.

Abb. 87
**Wanderung in die Bergtracht**
Um 2 Uhr nachts werden die Magazine verladen. Nach dreistündiger Fahrt erreichen die Wanderimker das Alpenrosengebiet im Bündnerland. Die frische Morgenluft und die ersten Sonnenstrahlen vertreiben Schlaf und Müdigkeit.

Abb. 88
**Schutzstand**
Diese von der Morgensonne beschienenen, zweckmässigen Wanderstände auf dem Simplon bieten Völkern und Kästen guten Schutz.

# 5 Wanderung

**Vor- und Nachteile der Wanderung**

*Vorteile*
- aufwändige Zwischentrachtfütterung entfällt
- durchschnittlich bedeutend grössere Honigerträge
- bessere Volksentwicklung im Sommer, was sich bis ins nächste Frühjahr positiv auswirkt (Wanderung = „Jungbrunnen")
- Entlastung der Bienendichte im schweizerischen Mittelland während magerer Trachtzeiten
- Wanderung mit Jungvölkern: bessere Entwicklungschancen bei guter Blütentracht im Gebirge
- erlebnisreiche Arbeit

*Nachteile*
- Mehrarbeit für die Vorbereitung, die Wanderung und die Kontrolle der Völker
- Transportkosten
- risikoreich: Tracht kann ausbleiben oder wegen schlechter Witterung nicht genutzt werden
- körperlich anstrengend, Rücken wird stark beansprucht

## 5.1 Theoretischer Wanderplan

Abb. 89
**Überwinterung**
Diese Völker überwintern beim Birswald (Muttenz), in der Nähe eines Fluss-Auengebietes mit früher Pollen- und Nektartracht von Haseln, Weiden, Erlen, Feld- und Spitzahorn und wilden Kirschen. Vorne ein zweckmässiger, offener Bienenstand, hinten ein umfunktionierter Wohnwagen mit Schweizerkästen.

Abb. 90
**Frühtracht**
Mit den Völkern wird im April in intensive Obst- und Rapsanbaugebiete der Nordost-, Nordwest- oder Westschweiz (Waadtland)) gewandert.

Abb. 91
**Frühe Sommertracht**
Im Juni kann die Fichtentracht einsetzen. Der Honigtau stammt meist von der Laus *Cynara pilicornis*. Bevor gewandert wird, muss aber in regelmässigen Abständen, am besten unter Zusammenarbeit mit andern Imkern, überprüft werden, ob die Fichte wirklich honigt, denn dies ist nicht voraussagbar. Falls keine Fichtentracht einsetzt, kann in Ahorngebiete des Juras oder in Akazien- und Kastanienwälder des Tessins ausgewichen oder in die Bergtracht gewandert werden.

Abb. 92
**Bergtracht**
Schutzstand mit Schweizerkästen.
Weite Alpenrosenfelder des Bünderlandes und der Zentralschweiz auf über 1800 m ü. M. sind meist sichere und gute Trachtgebiete.

Abb. 93
**Späte Sommertracht**
Die Weisstannentracht beginnt meist Mitte Juli und dauert manchmal bis Anfang September. Gute Tannentrachten gibt es ungefähr alle 10 Jahre. Sie sind regional unterschiedlich stark. Die Wanderung in die Tanne lohnt sich nur, wenn diese wirklich honigt. Prognosen für die Tannentracht sind möglich.

**Prognose der Tannentracht**
An der Landesanstalt für Bienenkunde Hohenheim wurde eine Laus-Abklopf-Methode entwickelt, die es ermöglicht, eine Weisstannentracht vorauszusagen. Ende Mai, Ende Juni und Mitte Juli wird der Lausbesatz an ausgewählten Tannen mit einem Fangtuch ermittelt. Die Lauszunahme pro Quadratmeter Zweigfläche ist massgebend für die Trachtprognose. (11)

## 5.2 Wanderbeuten und Wanderstände

**Wohnwagen für Bienenvölker**

Am bequemsten und am einfachsten geht die Wanderung mit dem Wanderwagen, unabhängig davon, ob Schweizerkästen oder Magazine transportiert werden, weil die Kästen nicht getragen werden müssen und der Zeitaufwand für die Wandervorbereitung gering ist. Zudem kann die Wanderung von einer Person durchgeführt werden. Die Anschaffungskosten eines Wanderwagens sind hoch, doch kann mit ihm ein Bienenhaus „eingespart" werden.

**Magazine**

Sie gelten als besonders geeignete Wanderbeuten, weil ihre Grösse dem Volk und der Tracht individuell angepasst werden kann (→ S. 23 f.). Zudem sind sie leichter als Schweizerkästen. Dennoch braucht es für die Wanderung mit Magazinen mindestens zwei Personen.

Abb. 94
**Kleiner Wanderwagen**
Dieser Wagen kann auch an weniger gut zugänglichen Stellen platziert werden.

Abb. 95
**Magazine auf- und abladen**
Das Wandern mit Bienenvölkern ist körperlich sehr anstrengend. Deshalb braucht es gut durchdachte Transporthilfen, wie zum Beispiel Rollwagen für die Kästen und zweckmässige Wagenbrücken.

Abb. 96
**Bienenkästen rollen oder tragen**
Manchmal müssen die Kästen ein Stück weit getragen oder gerollt werden. Dies geht nur zu zweit. Sehr hilfreich sind spezielle Einrad-Schubkarren mit Vollgummipneus.

## Wanderstände

Der Wanderplatz soll sich möglichst direkt im Trachtgebiet, aber nicht an stark begangenen Wegen befinden und geschützt sein vor starker Nachmittagssonne, starken Winden und Hochwasser. Enge, tiefe Bergtäler bieten den Vorteil, dass nicht alle Trachtpflanzen gleichzeitig blühen, wodurch sich die Tracht verlängert.

Abb. 97
**Gute Zufahrt**
Wanderstand mit Langstroth-Flachzargen an der Simplon-Passstrasse. Um den Rücken zu schonen und um Zeit zu sparen, sollte mit dem Transportauto direkt an den Wanderplatz gefahren werden können.

Abb. 98
**Wanderstand im Gebirgswald**
Sowohl Magazine als auch Schweizerkästen können frei aufgestellt werden. Holzkästen müssen aber gegen Regen zugedeckt werden. Dieser morgensonnige Stand im Gebirge wird zudem vom Wald geschützt.

## 5.3 Organisation der Wanderung

**Bewilligungen**
Für die Benutzung eines Wanderplatzes braucht es Bewilligungen
– vom Grundeigentümer
– vom Förster
– von der örtlichen Baubehörde (für Wanderwagen oder Schutzstände)
– vom Bieneninspektor (Sperrgebiete am Standort und Wanderplatz und Wanderverbot wegen Feuerbrand beachten)

Zudem muss auf die nächstgelegenen Bienenstände und auf Belegstationen Rücksicht genommen werden. In seiner Wanderhilfe empfiehlt der VDRB eine Minimaldistanz von 500 m zu Nachbarständen und von 3 km zu den Belegstationen.
Mehr als 20 Völker am gleichen Standplatz sind nur in sehr guten Wald- oder Alpenrosentrachtgebieten sinnvoll, weil sich allzu viele Völker gegenseitig konkurrenzieren.

## Auswahl und Vorbereitung

Die Völker müssen stark und gesund sein und mindestens 6, besser 10 kg Futtervorrat haben.

Völker mit mehrjährigen Königinnen schwärmen gerne ab, wenn sie in den Bergfrühling versetzt werden. Deshalb lohnt sich eine Beweiselung mit Jungköniginnen einige Wochen vor der Wanderung.

Waben, Deckbretter, Fenster und Magazinzargen verschieben weniger schnell, wenn sie mit Kittharz gefestigt sind. Deshalb sollten die Völker eine Woche vor der Wanderung nicht geöffnet werden.

Brutraumfenster können zudem mit kleinen Nägeln gesichert werden. Magazine müssen immer mit Spanngurten rutschsicher zusammengebunden werden.

## Transport

Sauerstoffmangel während der Wanderfahrt kann zu Völkerverlusten führen (verbrausen). Beim Schweizerkasten erfolgt die Luftzufuhr durch die Wandernische (= aufklappbares Flugbrett mit Gittereinsatz) oder durch ein Gitter, das anstelle des Brutraumfensters eingeschoben wird.

Magazinbeuten werden durch den Gitterboden belüftet. Notfalls können eine Leerzarge und eine Gitterabdeckung aufgesetzt werden.

Die Fluglöcher werden mit genässten Schaumstoffstreifen, Abdeckband oder bienendichten Gittern verschlossen. Stockmeissel, Bienenbürste, Rauchmaschine, Kanister mit Wasser, Wasserzerstäuber, Taschenlampe, Schleier und Handschuhe dürfen auf der Wanderung nicht fehlen.

Es ist vorteilhaft, in den frühen Morgenstunden und nicht am Abend zu wandern, damit der Wanderort bei Tageslicht erreicht wird.

Die Fahrt soll möglichst ohne Zwischenhalt erfolgen, sonst beunruhigt es die eingeschlossenen Bienen und sie überhitzen (verbrausen).

Falls die Fahrt sehr lange dauert, wird ab und zu etwas Wasser durch die Lüftungsgitter in die Völker gespritzt. Bei Pannen, die erst nach einigen Stunden behoben werden können, müssen die Fluglöcher eventuell geöffnet werden. Die Wanderfahrt kann in diesem Fall erst am Abend oder am folgenden Morgen fortgesetzt werden.

## Am Wanderplatz

Damit die Völker rasch platziert werden können, ist es vorteilhaft, wenn der Wanderstand vor der Auffahrt der Völker vorbereitet wurde. Beim Öffnen der Fluglöcher sind meist Schleier und Rauch nötig. Ein wasserfestes Adress-Schild wird gut sichtbar angebracht. Je nach Witterungsverlauf und Trachtlage werden die Völker mehrmals kontrolliert. Es können folgende Situationen eintreten:

– Schwarmfieber in der Raps- oder Bergtracht
– Futtermangel wegen längerer Schlechtwetterperiode
– Platzmangel in den Honigaufsätzen bei reicher Wald- oder Alpenrosentracht
– In einer Tannentracht kann es vorkommen, dass sich die Völker stark abarbeiten. In diesem Fall müssen sie vereinigt werden.

Sobald die Tracht auf dem Wanderplatz versiegt, werden die Völker auf den Heimstand zurückgeführt.

# 6 Waben und Wachs

Hans-Ulrich Thomas

In frühen Zeiten war Wachs ein begehrtes Rohmaterial und diente zu „tausendfältigem Gebrauch" (→ Band „Natur- und Kulturgeschichte", S. 52–67). Seit der Erfindung der Mittelwandherstellung um 1860 ist Bienenwachs in der Imkerei ein Recyclingprodukt: Es wird aus alten Waben herausgeschmolzen und zu neuen Mittelwänden umgegossen.

Neues Bienenwachs erzeugen die Bienen in ihren Wachsdrüsen (→ Band „Biologie", S. 32).

Abb. 99
**Wachskreislauf**
Altwaben (oben) werden eingeschmolzen. Das reine Wachs wird dann zu Mittelwänden weiterverarbeitet (unten).
Was als Fremd- und Schadstoffe in die Altwaben gelangt, kann in den Mittelwänden wieder gefunden werden. Deshalb dürfen keine Behandlungsmittel gegen Krankheiten und Wachsmotten angewandt werden, die im Wachs Rückstände hinterlassen.

# 6.1 Wachs aus Waben gewinnen

In der Imkerei wird Wachs gewonnen durch das Einschmelzen von
- Altwaben und schlecht ausgebauten Waben
- „Abdeckleten" der Honigernte (→ S. 57)
- bebrüteten Honigwaben
- Baurahmenwachs (→ S. 68)
- Wachspartikeln, die von Wabenrahmen, Deckbrettern, Fenstern und Kastenwänden abgekratzt werden

## Waben aussortieren

Brutwaben müssen aussortiert werden, nachdem Bienenvölker eingeengt, vereinigt oder aufgelöst wurden:
- Wenig bebrütete, schön ausgebaute Waben dienen als Erweiterungswaben für Jungvölker und müssen vor Wachsmotten geschützt aufbewahrt werden.
- Waben mit viel verdeckeltem Vorrat werden als Vorratswaben gelagert. Auch sie müssen vor Wachsmotten geschützt werden.
- Dunkle (oft bebrütete), aber auch schlecht ausgebaute Brutwaben werden möglichst schnell der Wachsverwertung zugeführt. Alterstest: Hält man die Wabe gegen das Licht und schimmert die dahinter gehaltene Hand noch durch, dann kann die Wabe weiter verwendet werden. Futterreste in Altwaben lässt man von den Bienen ausfressen (→ S. 45).
- Bebrütete Honigwaben, auch solche, die nur am untern Schenkelrand dunkle Drohnenzellen aufweisen, werden ausgeschieden. Damit entzieht man den Wachsmottenlarven die Nahrung, und die Honigwaben müssen nicht behandelt werden.

## Aus Alt wird (fast) Neu

In Imkereien wird dem Wachs oft weniger Beachtung geschenkt als dem Honig. Doch die Qualität des Wachses wirkt sich auch auf den Honig aus, weil Rückstände aus dem Wachs in den Honig gelangen. Ziel der imkerlichen Betriebsweise ist deshalb der Erhalt eines rückstandfreien Bienenwachses (→ S. 98).

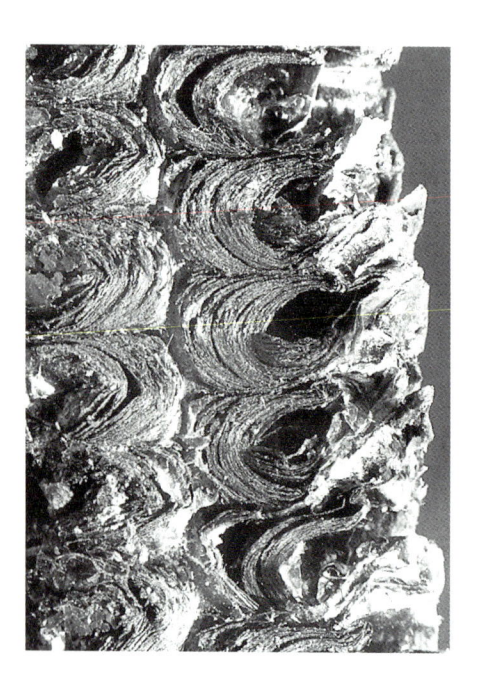

Abb. 100
**Alte Brutwabe**
Bei diesem Querschnitt durch eine vielleicht zwanzigjährige Brutwabe sind die unzähligen Puppenhäutchen sichtbar, die von den schlüpfenden Bienen in der Zelle zurückgelassen wurden. Diese brandschwarze Brutwabe hätte schon längst ausgeschieden werden müssen.

## Waben umarbeiten lassen

Futterfreie, trockene Waben (die noch Pollenreste enthalten dürfen) werden möglichst schnell in Papiersäcke verpackt und dem Imkereifachgeschäft zugestellt. In die Papiersäcke dürfen keine Wachsmottenkugeln gelegt werden, weil diese im Wachs Rückstände hinterlassen. Auch dürfen Altwaben nicht in Plastiksäcke verpackt werden, da die Waben sonst schnell schimmeln. Der gutgeschriebene Preis für Altwaben richtet sich nach dem Wachsanteil: Je dunkler und schwerer die Waben, umso niedriger ist die Wachsausbeute pro kg Waben.

## Waben selber umarbeiten

Imkereien, die ihr eigenes Bienenwachs selber umarbeiten, haben Gewähr, dass keine unbekannten Fremdstoffe im Wachs sind.

Altwaben, Abdeckleten und Wachspartikel werden in Wachsschmelzgeräten eingeschmolzen (1). Die Wachsklötze aus den Schmelzgeräten müssen nachgereinigt werden (→ Band „Bienenprodukte", S. 55–58). Reine Wachsblöcke werden von den Wachsmotten nicht mehr befallen und können ins Fachgeschäft verkauft werden oder dienen als Rohmaterial für die eigene Mittelwandherstellung.

Abb. 101
**Waben ausschneiden und Rahmen reinigen**
Es ist recht mühsam und nicht ungefährlich, mit einem Messer oder Stockmeissel freihändig Altwaben auszuschneiden und Rahmen zu reinigen. Eine selbst gebaute Rahmenhalterung und ein spezieller Schaber erleichtern diese Arbeit. Der Schaber besteht aus dem flachen Teil eines Stockmeissels, der an einen Metallstab mit Griff (abgesägter Schraubenzieher) angeschweisst wurde.

Abb. 102
**Wachspresse**
In dieser Imkerei werden die Altwaben zuerst in einem Waschkessel mit kochendem Wasser ausgeschmolzen (hinten). Anschliessend wird das Wachs-Trester-Gemisch kesselweise in die Wachspresse geschüttet und mit der Spindelpresse ausgepresst. Dampfwachsschmelzer und Wachspressen sind meist teuer in der Anschaffung und brauchen elektrische Energie oder Gas als Wärmequelle, sind aber wetterunabhängig. Ein kostengünstiger Dampfwachsschmelzer wird im Band „Bienenprodukte", Abb. 44, S. 56, gezeigt (1).

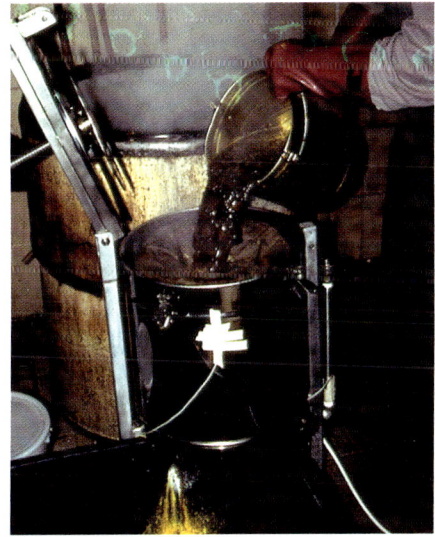

# 6 Waben und Wachs

Im **Sonnenwachsschmelzer** können Wachspartikel und Altwaben ab Mitte Mai bis Mitte August auf kostengünstige Art zu Wachsblöcken eingeschmolzen werden. Ist das Schmelzgerät richtig gebaut, so ist die Wachsausbeute ebenso gut wie in einem Dampfwachsschmelzer.

Der Sonnenwachsschmelzer sollte folgende Anforderungen erfüllen:

- Das Gerät muss leicht und handlich gebaut sein, damit es schnell weggeräumt werden kann (z.B.: 60 cm x 50 cm x 15 cm).
- Es muss allseitig gut isoliert sein, z.B. mit hitzebeständiger Steinwolle. Nur bei sehr guter Isolation steigt die Temperatur im Schmelzer rasch an, und die Waben werden bei direkter Sonnenbestrahlung innerhalb von 1,5 bis 2,5 Stunden ausgeschmolzen.
- Die Seitenwände des Gerätes müssen innen und aussen mit giftfreier, wasserfester, hitzebeständiger, schwarzer Farbe gestrichen sein.
- Die ausgeschnittenen Waben oder Wabenstreifen werden nicht hineingelegt, sondern aufrecht stehend, eng aneinander gerückt, in einen Korb aus Chromstahlgeflecht gestellt.
- Unter dem Korb befindet sich ein Chromstahlblech, das nicht gestrichen werden darf. Auf dieses Blech tropft das flüssige Wachs und fliesst in einen Auffangbehälter aus Glas oder Email (Kuchenbackform). In diesen Behälter wird wenig Wasser gegeben, damit das Wachs nicht anklebt. Das Chromstahlblech muss nicht gereinigt werden.
- Der Deckel besteht aus gewöhnlichem, doppeltem Fensterglas.

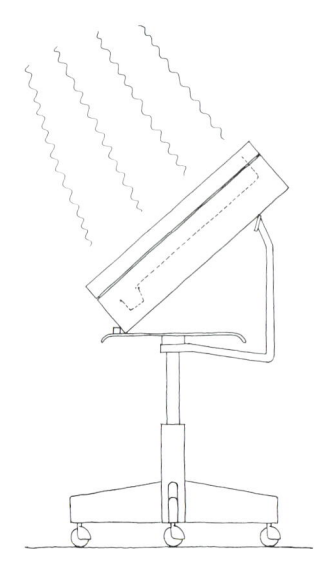

Abb. 103
**Sonnenwachsschmelzer**
In diesem handlichen Schmelzgerät wird eben „Abdeckleten" der Honigernte ausgeschmolzen. In einem richtig gebauten Sonnenwachsschmelzer können ebenso gut Altwaben ausgeschmolzen werden. Der alte Bürodrehstuhl aus dem Sperrgut erübrigt den Kauf eines teuren und schweren Drehständers.

## Waben und Wachs

**Schnitt A–A**

Auslauf · Doppelglas · Wabenstreifen
Deckelrahmen abhebbar
Front aufklappbar
ca. 600 mm
Abstandleiste
Isolation: kein Styropor (schmilzt), Steinwolle, faserfrei verpackt mit Offsetblech oder Sperrholz

**Schnitt B–B**

Chromstahlgitter, 4-seitig hochgebogen · Chromstahlwanne, 3-seitig hochgebogen
Detail A
ca. 170 mm
ca. 100 mm
ca. 450 mm
Abstandleiste 5 × 5 mm

Abb. 104
**Planskizzen des Sonnenwachsschmelzers**

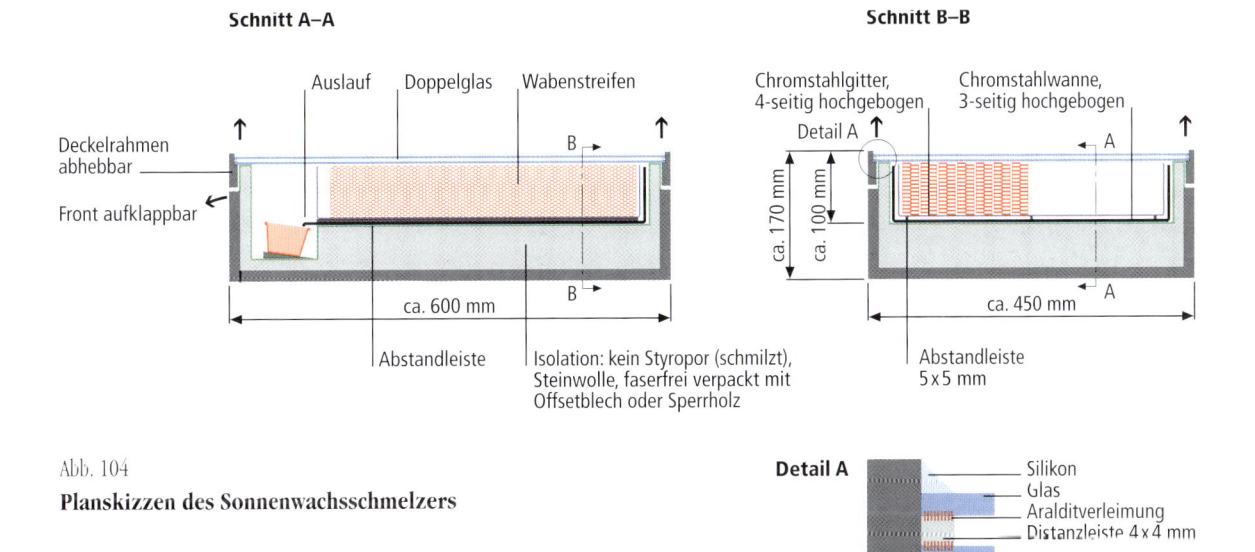

**Detail A**
Silikon
Glas
Aralditverleimung
Distanzleiste 4 × 4 mm

### Mittelwände selber giessen

Das Giessen von Mittelwänden ist keine aufwändige Sache, wie es den Anschein hat. Wenn mehrere Imker eine Giessform gemeinsam benutzen, zahlt es auch finanziell aus. Die Arbeit ist schnell gelernt, wenn der „richtige Dreh" zum Mittelwandgiessen bei einem erfahrenen Imker-Kollegen abgeguckt wird. Eine wassergekühlte Mittelwand-Giessform mit einer Silikon-Prägeform bietet die Vorteile, dass speditiv gearbeitet werden kann und sich die Mittelwände ohne Trennmittel von der Prägeplatte ablösen lassen (→ Band „Bienenprodukte", S. 62). Es gibt auch Prägeformen aus Metall. Als Trennmittel dient hier Seifenwasser (Abwaschmittel). Ob dies im Wachs Rückstände hinterlässt, ist nicht bekannt.

Abb. 105
**Wassergekühlte Giessform ohne fliessend Wasser**
Mit Hilfe einer Aquariumpumpe und eines Wassereimers (vorne im Bild) lässt sich ein steter Wasserkreislauf herstellen, wodurch der Betrieb der wassergekühlten Giessform nicht mehr an einen Anschluss mit fliessend Wasser angewiesen ist. Mit einer Aquariumheizung kann zudem die optimale Wassertemperatur von 25–30 °C eingestellt werden.

## 6 Waben und Wachs

### Wabenrahmen wieder verwenden

Mit dem Stockmeissel oder mit einem speziellen Schaber (→ Abb. 101, S. 95), werden die Rähmchen von Wachs- und Propolisresten gesäubert. Manchmal wird empfohlen, die Rahmen in siedendem Wasser für einige Minuten auszukochen oder mit einem Dampfreiniger abzuspritzen. Es ist aber fraglich, ob sich der Zeit- und Energieaufwand lohnt. Verkotete oder alte, schwarze Wabenrahmen und solche mit Wachsmotten-Frasslöchern werden der Kehrichtverbrennung übergeben.

## 6.2 Wabenschutz

### Saugfähig wie ein Schwamm

Wachs ist ein komplexer Stoff, der fettlösliche Schad- und Fremdstoffe wie ein „Schwamm" aufnehmen kann. Diese Stoffe stammen zum grössten Teil aus der Imkerei selbst (Medikamente gegen Bienenkrankheiten und Wachsmotten) und nur in geringem Masse aus der Umwelt. Rückstandsanalysen der letzten Jahre zeigen, dass bei der Mittelwandherstellung die Rückstände von Varroa-Bekämpfungsmitteln (Akarizide) nur langsam, über mehrere Jahre hinweg, abgebaut werden. Deshalb ist es wichtig, dass keine Medikamente angewendet werden, die im Wachs Rückstände hinterlassen (→ Band „Bienenprodukte", S. 59–60).

| Anzahl Perizin-Anwendungen | Aussetzzeit Jahre | Coumaphos mg/kg |
|---|---|---|
| 1 | 6 | 0,9 |
| 1 | 4 | 0,8 |
| 3 | 3 | 0,9 |
| 3 | 2 | 4,5 |

| Anzahl Apistan-Anwendungen | Aussetzzeit Jahre | Fluvalinat mg/kg |
|---|---|---|
| 1 | 4 | 0,4 |
| 1 | 2 | 0,6 |
| 1 | 1 | 2,2 |
| 3 | 3 | 2,4 |
| 3 | 3 | 4,0 |
| 4 | 2 | 2,3 |
| 4 | 2 | 7,9 |

Tab. 5

**Wachsrückstände nach Perizin- und Apistan-Anwendungen**

Die Tabelle zeigt beispielhaft, wie Perizin- oder Apistan-Rückstände während Jahren im Bienenwachs verbleiben, obwohl die Mittel, je nach Bienenstand, nur ein- bis viermal angewandt und dann während 1 bis 6 Jahren nicht mehr eingesetzt wurden (2).

## Ein Fressen für Mottenlarven

Solange sich die Waben in einem gesunden Bienenvolk befinden, stellen Wachsmotten kein Problem dar. Die Bienen verhindern selbst, dass sich Wachsmotten in ihrem Nest verbreiten (→ Band „Biologie", S. 112). Einzig unter dem Fensterkeil des Schweizerkastens und auf den gittergeschützten Schiebeböden gelingt es den jungen Larven, sich einzunisten. Werden aber ältere, bebrütete Waben ausserhalb des Bienenvolkes, zum Beispiel im Wabenschrank, gelagert, so dienen sie bald den Wachsmottenlarven als Nahrung.

Es wird zwischen Grosser und Kleiner Wachsmotte unterschieden (*Galleria mellonella* und *Achroea grisella*). Die Kleine Wachsmotte ist eher ein Einzelgänger und bohrt lange, geradlinige Frassgänge (Band „Biologie", → Abb. 141, S. 113). Bei der Grossen Wachsmotte hingegen spinnen mehrere Larven einen grossen, undurchdringlichen Gespinsthaufen. Wachsmotteneier sind sehr resistent und widerstehen praktisch allen Behandlungsmethoden. Nur extreme Temperaturen oder Säuren töten sie ab.

Brutwaben werden nicht nur von den Wachsmotten befallen. Auch andere Insekten sind gelegentlich im Wabenschrank zu finden. Es sind dies vor allem der Speckkäfer *(Dermestes lardarius)* sowie die Dörrobstmotte *(Plodia interpunctella)*. Trotz ihrer Namen ernähren sich beide von Pollen- und Honigvorräten sowie toter Brut oder dem Gemüll auf dem Bodenbrett, ohne an den Waben aber Schaden anzurichten.

Abb. 106

**Gespinst der Grossen Wachsmottenlarve**

Das dichte Gespinst schützt die Larven vor Umwelteinflüssen, wie zum Beispiel Kälte oder Raubinsekten. In der freien Natur haben Wachsmotten eine wichtige Aufgabe: Sie fressen die verlassenen, oft mit Krankheitskeimen durchsetzten Waben von wilden Bienenvölkern und schaffen Raum für neu einziehende Schwärme.

## 6.3 Waben vor Wachsmotten schützen

Der Wabenschutz erfordert ein Konzept, das Vorsorge- und Bekämpfungsmassnahmen vorsieht. Vorsorgemassnahmen dienen dazu, die Waben möglichst lang vor Wachsmotten zu schützen, ohne Bekämpfungsmittel einzusetzen.
Bekämpfungsmassnahmen werden nur ergriffen, wenn dies notwendig ist.

**Vorsorgemassnahmen**
– In grosse Wabenschränke dicht schliessende Zwischenwände und -böden einbauen. Ein Wachsmottenherd kann sich dadurch nicht im ganzen Wabenschrank ausbreiten.
– Unbebrütete, honigfeuchte Honigwaben separat in einem Abteil des Wabenschranks, in Zargen oder Wabentransportkisten lagern. Solche Waben müssen nicht gegen Wachsmotten behandelt werden.
– Junge Erweiterungswaben getrennt von alten Vorratswaben lagern, denn Jungwaben müssen weniger häufig behandelt werden als Altwaben.
– Möglichst wenig Vorratswaben lagern (2 bis 3 pro Volk genügen).
– Waben möglichst kühl lagern. Je tiefer die Temperatur, desto langsamer entwickeln sich die Wachsmottenlarven. Optimal sind Lagertemperaturen unterhalb +10 °C, dann wird die Entwicklung der Larven gestoppt. Das Bienenhaus ist wegen der hohen Sommertemperaturen ein ungeeigneter Ort zum Lagern der Waben.
– Regelmässige Kontrollen der Wabenvorräte geben Aufschluss darüber, ob eine Behandlung nötig ist oder nicht. Vorgehen: Weisse Kunststofffolie zwischen jede zweite oder dritte Wabenlage oder Zarge schieben und alle 2 Wochen ziehen. Findet man Kot von Wachsmotten (schwarze, trockene, 2 mm lange und 1 mm dicke Krümel), müssen die Waben kontrolliert werden. Gespinsthaufen der Wachsmotten von Hand entfernen. Kunststofffolien vor der Anwendung einer Säurebehandlung entfernen, damit sich die Dämpfe ungehindert ausbreiten können.

**Bekämpfungsmassnahmen**
Bekämpfungsmittel mit Paradichlorbenzol (Mottenkugeln, Globol, Waxviva) und Kontaktinsektizide wie zum Beispiel Lindan dürfen nicht mehr angewendet werden, weil sie im Wachs und Honig Rückstände hinterlassen. Die folgenden Bekämpfungsmassnahmen führen zu keinen Rückständen.

*Essig- oder Ameisensäure*
Essigsäure tötet alle Stadien der Wachsmotte und auch die Nosemasporen ab (Nosematose → Band „Biologie", S. 108).

*Dosierung:*
Essigsäure (60 %–80 %): 100 ml pro 50 l Schrankinhalt ( = ca. 12 Schweizer Brutwaben = 13 Zanderwaben)
Ameisensäure (85 %): 40 ml pro 50 l Schrankinhalt

*Trägermaterial:*
Viskose-Schwammtücher oder Saugkarton (Säure aus Gründen der Sicherheit nicht aus offenen Gefässen ohne Trägermaterial verdampfen lassen)

*Vorgehen:*
- Schutzbrille und -handschuhe tragen
- pro 50 l Schrankinhalt ein Viskose-Schwammtuch mit 100 ml Essigsäure oder 40 ml Ameisensäure tränken (Schwammtücher vermögen nicht mehr als ca. 150 ml zu fassen)
- Schwammtücher auf Wabenrahmen auflegen; im Schrank gleichmässig verteilen (es ist sehr wichtig, dass die Säure überall im Schrank gleichmässig verdunstet)
- Säurebehandlung wenn nötig wiederholen

### „Bacillus thuringiensis"-Präparate

Im Handel sind verschiedene Bacillus-thuringiensis-Präparate erhältlich. Deshalb muss jenes Produkt gewählt werden, das spezifisch gegen Wachsmottenlarven wirkt. Das Präparat verhindert die Nahrungsaufnahme im Darm und wirkt daher auf junge, fressende Wachsmottenlarven.

*Vorgehen:*
- Präparat gemäss Gebrauchsanleitung anrühren
- Waben lückenlos besprühen und antrocknen lassen, damit sie nicht schimmeln
- angerührte Spritzbrühe hat eine beschränkte Lebensdauer und kann nicht gelagert werden
- eine Behandlung pro Saison genügt

### Tiefkühlen

Waben während 2 Tagen bei –18 °C tiefkühlen, dann im dicht schliessenden Wabenschrank oder in Wabenkisten aufbewahren.

*Vorteil:*
Auch die Wachsmotteneier werden abgetötet.

### Wärmebehandlung

Waben während 2 bis 3 Stunden einer Temperatur von +46 °C aussetzen.

*Vorteil:*
Auch die Wachsmotteneier werden abgetötet.

*Nachteil:*
Aufwändig, eine zuverlässige Temperaturregelung ist notwendig. Für Vorratswaben nicht geeignet.

### Schwefelbehandlung

Im oberen Teil des dicht schliessenden Wabenschrankes eine Schwefelschnitte in einem „Wabenschwefler" abbrennen.

*Dosierung:*
1 Schwefelschnitte pro 100 l Rauminhalt

Im Fachhandel ist auch ein Flüssig-Schwefel-Spray erhältlich (Gebrauchsanleitung beachten).

*Dosierung:*
8–10 g Schwefeldioxid pro 100 l Rauminhalt

*Nachteil:*
Schwefel wirkt nicht gegen Wachsmotteneier. Die Behandlung muss deshalb alle 3 Wochen wiederholt werden. Nur trockene Waben schwefeln; in honigfeuchten Waben oder in Waben mit offenem Futter bilden sich Rückstände von Schwefelsäure.

### Fazit der Bekämpfungsmethoden

Am besten geeignet sind Essig- oder Ameisensäure. Sie töten alle Wachsmottenstadien ab und hinterlassen keine Rückstände. Trotzdem muss der Wabenvorrat regelmässig auf Wachsmottenbefall kontrolliert werden. Wenn nötig, nachbehandeln.

## Zusammenfassung des rückstandfreien Vorsorge- und Bekämpfungskonzeptes

### Technisch
– Waben sortieren
– altes Wachs sofort einschmelzen
– Lagerung: kühl, hell und belüftet

### Physikalisch
– kühl lagern unter 15 °C
– Frostbehandlung –20 °C
– Hitzebehandlung 46 °C

### Chemisch
– Essigsäure 60–80%ige
  (100 ml/50 l Rauminhalt)
– Ameisensäure 85%ige
  (40 ml/50 l Rauminhalt)

### Biologisch
– Sporen von *Bacillus thuringiensis*
– Produkte: B401, Mellonex

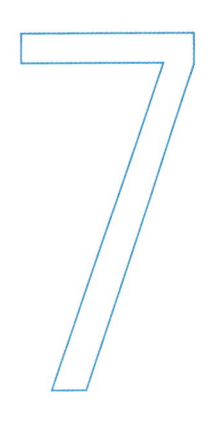

# 7 Massnahmen bei Krankheiten

zusammengestellt
von Matthias Lehnherr
und Martin Dettli

Die Imkerin und der Imker sind als Tierhalter verpflichtet, sich mit dem komplexen Aspekt der Bienenkrankheiten zu befassen. Durch jahrelange Beobachtung der eigenen Völker und durch gemeinsame Standbesuche bei andern Imkerinnen und Imkern muss ein Gespür dafür entwickelt werden, wie sich gesunde Bienenvölker von kranken unterscheiden.

Abb. 107
**Gesunde Brut**
In einem normalen Brutnest ist gleichaltrige Brut auf den Waben in konzentrischen Kreisen angelegt. In unverdeckelten Zellen sind pralle und perlmutterfarbene Larven zu sehen. Die Zelldeckel von normaler Arbeiterinnenbrut sind leicht gewölbt und gleichmassig hellbraun.

Abb. 108
**„Schrotschuss"-Wabe**
Lückenhafte, löchrige Brut ist für Imkerinnen und Imker ein „Warnfinger": Das Volk könnte krank sein oder unter königinbedingten Problemen leiden. Lückenhafte Brut muss deshalb besonders aufmerksam beachtet werden.

# 7 Massnahmen bei Krankheiten

## 7.1 Brutkrankheiten (→ Band „Biologie", S. 92–100)

**Faulbrut**
(Bösartige Faulbrut, Amerikanische Faulbrut)
Bakterienkrankheit *(Paenibacillus larvae)*

**Bösartige Faulbrut**

Abb. 109
**Abgestorbene Brut**
Die Deckel von Zellen mit abgestorbener Brut sind meist stark eingesunken und dunkel verfärbt. Sie werden von den Stockbienen häufig durchlöchert.

Abb. 110
**Streichholzprobe**
In eine verdächtige Zelle wird ein Streichholz gesteckt. Wenn eine Faden ziehende, braune Masse haften bleibt, liegt Faulbrut vor.

*Anzeichen von Faulbrut*
– lückenhaftes Brutnest
– eingesunkene und löchrige Zelldeckel
– abgestorbene und bräunlich verfärbte, schleimige Maden
– fauler Geruch
– dunkler Schorf der eingetrockneten Brutmasse klebt fest in der Zelle

*Massnahmen*
– Bieneninspektor benachrichtigen
– Bienenstand nach Anweisungen des Bieneninspektors sanieren (Völker und Waben verbrennen, Kästen und Werkzeuge desinfizieren; Völker ohne Anzeichen der Krankheit wie Kunstschwärme auf Mittelwände in gereinigte Kästen einlogieren)
– keine Völker verstellen, solange die Bienensperre gilt

## Sauerbrut
(Europäische oder Gutartige Faulbrut)
Bakterienkrankheit (*Melissococcus pluton* und andere Bakterien)

Abb. 111
**Sauerbrut**
Im Gegensatz zu Faulbrutmaden liegen sauerbrutkranke Maden in verschiedenen Stellungen in den unverdeckelten Zellen. Sie sind kaum Faden ziehend.

### Anzeichen von Sauerbrut
– lückenhafte Brut
– eingesunkene, löchrige und dunkel verfärbte Zelldeckel
– stecknadelkopfgrosse, schmutzig gelbe Bakterienklumpen im Mitteldarm schimmern durch die Rückenhaut der Larve
– tote Larven liegen in allen möglichen Stellungen in den Zellen
– abgestorbene Rundmaden trocknen zu Schorf ein
– saurer Geruch
– schwarzer, lackartiger Kot klebt an der Innenseite der Zelldeckel
– abgestorbene, schwarzbraune Streckmaden und Puppen liegen in verschiedenen Stellungen in den Zellen
– nicht oder nur leicht Faden ziehend
– Schorf lässt sich leicht entfernen

### Massnahmen
wie Bösartige Faulbrut

# 7 Massnahmen bei Krankheiten

## Kalkbrut
Pilzkrankheit *(Ascosphaera apis)*

Abb. 112
**Kalkbrutmumien**
Oben: Bei kalkbrutbefallenen Völkern liegen meist frühmorgens weisse, graue oder schwarze, weizenkorngrosse Kalkbrutmumien auf dem Flugbrett. Unten: Die Brutpflegebienen haben die Zelldeckel von kalkbrutbefallenen Streckmaden entfernt, wodurch die harten „Mumien" nun auch für den Imker sichtbar werden. Je besser der Putztrieb eines Volkes, desto schneller werden abgestorbene Maden hinausgeworfen, desto grösser sind die Heilungschancen für das Volk.

### Anzeichen von Kalkbrut
– lückenhafte Brut
– Zelldeckel werden teilweise von den Bienen entfernt, so dass die tote weisse oder graue Streckmade sichtbar wird.
– tote Streckmade ist hart (= Mumie), klappert in verdeckelten Zellen

### Massnahmen
– schwächere Völker einengen, sehr geschwächte Völker abtöten (in kochend heisses Wasser abwischen)
– stark befallene Brutwabe entfernen und einschmelzen und durch ausgebaute Jungwaben ersetzen
– mit Zucker- oder Honigwasser füttern
– Königin ersetzen, Selektion auf Hygienemerkmale ausrichten (→ Band „Königinnenzucht", S. 82)

Massnahmen bei Krankheiten

## Sackbrut
Virenkrankheit

Abb. 113
**Sackbrut**
Links: Kranke Streckmade in geöffneter Zelle.
Rechts: Die kranke Made lässt sich wie ein Sack aus der Zelle heben.

*Anzeichen von Sackbrut*
- lückenhafte Brut
- löchrige und eingesunkene Zelldeckel
- Streckmade kann mit Pinzette wie ein Sack aus der Zelle gehoben werden
- gelb oder braun verfärbte Streckmaden
- schiffchenförmiger, dunkelbrauner Schorf, der sich leicht aus der Zelle löst

*Massnahmen*
- einengen, füttern
- stark befallene Brutwaben vernichten
- Mittelwände ausbauen lassen

# 7 Massnahmen bei Krankheiten

## 7.2 Erkrankungen von Brut und Bienen (→ Band „Biologie", S. 101–105)

### Varroatose
Parasitenkrankheit (Milbe, *Varroa destructor*)

**Varroamilben**

Abb. 114 (oben links)
Das Volk wurde durch Varroabefall so sehr geschwächt, dass es seine Brut nicht mehr pflegen und die Brutzellen nicht mehr fertig verdeckeln konnte. Die abgestorbenen Larven sehen ähnlich aus wie bei der Europäischen Faulbrut (Sauerbrut). Doch werden bei mikroskopischen Untersuchungen meist nicht Bakterien, sondern vermehrt Viren gefunden. Varroabefallene Völker leiden oft auch unter dem Akuten Paralyse Virus (APV).

Abb. 115 (oben rechts)
Varroamilbe auf Drohnenlarve. Der Vermehrungszyklus der Milbe findet in der verdeckelten Brut statt. Drohnenbrut wird besonders stark befallen.

Abb. 116 (links)
Die Milbe ist auf dem Bienenkörper oft nicht gut sichtbar, weil sie sich unter den Hinterleibssegmenten versteckt. Bei starkem Befall der Brut schlüpft die Biene mit verkürztem Hinterleib oder verkrüppelten Flügeln aus der Zelle.

*Anzeichen der Varroatose*
In den Völkern oder vor der Flugfront krabbeln Bienen mit zum Teil verkrüppelten Flügeln und verkürztem Hinterleib. Auf den gittergeschützten Unterlagen liegen mehr als 30 Milben pro Tag. Die Volksstärke nimmt deutlich ab. Die Brutflächen sind bienenleer.

*Massnahmen*
Tabelle 1: Damit die Varroatose rechtzeitig und erfolgreich behandelt werden kann, wird ein Bekämpfungskonzept angewandt. Mit den Massnahmen der alternativen Varroabekämpfung bleibt der Milbenbefall unter der Schadenschwelle.

Massnahmen bei Krankheiten

Tab. 6
**Bekämpfungskonzept** (20)

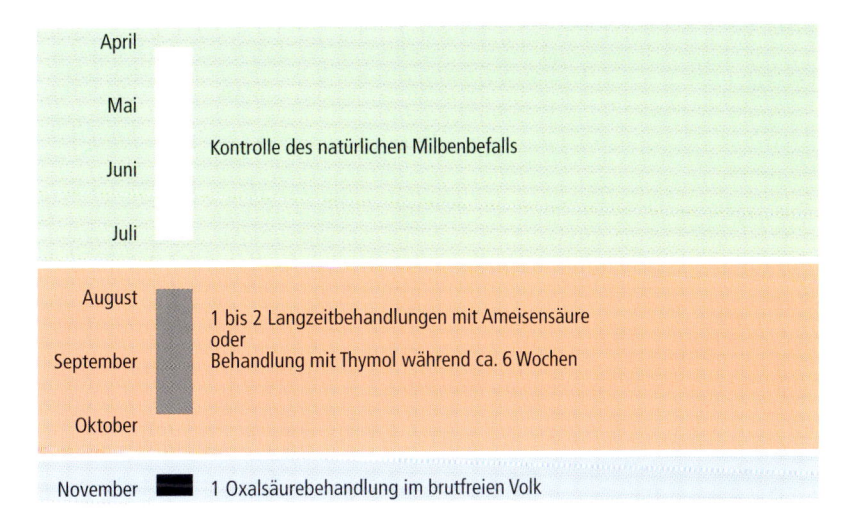

| Monat | Massnahme |
|---|---|
| April – Juli | Kontrolle des natürlichen Milbenbefalls |
| August – Oktober | 1 bis 2 Langzeitbehandlungen mit Ameisensäure oder Behandlung mit Thymol während ca. 6 Wochen |
| November | 1 Oxalsäurebehandlung im brutfreien Volk |

### Natürlichen Milbentotenfall messen

Ende Mai, Ende Juli und Anfang September wird die gittergeschützte Unterlage während je einer Woche unter die Völker eingelegt. Anschliessend werden die Milben auf der Unterlage ausgezählt. Anhand der Tabelle 2 wird entschieden, welche Massnahmen notwendig sind.

Tab. 7
**Natürlicher Milbentotenfall: Was ist zu tun?**

| Zeitpunkt | Milben pro Tag, mehr als | Massnahmen |
|---|---|---|
| Ende Mai | 3 | Eine Langzeitbehandlung mit Ameisensäure sollte sofort nach der Frühjahresernte durchgeführt werden. |
| Ende Juli | 10 | Zwei Langzeitbehandlungen mit Ameisensäure sind notwendig. |
| Anfang September | 1 | Die zweite Langzeitbehandlung mit Ameisensäure ist notwendig. |
| ganze Bienensaison | 30 | Die Schadenschwelle wird in Kürze überschritten. Eine sofortige Behandlung ist dringend notwendig. |

# 7 Massnahmen bei Krankheiten

Abb. 117
**Gittergeschützte Unterlagen im Schweizerkasten**
Im Schweizerkasten ist das Einschieben der Gitter zeitaufwändiger als im Magazin mit eingebauten Gitterböden, doch die Kontrolle und der Wechsel der Unterlagen geht ebenso schnell.

## Erste Langzeitbehandlung mit Ameisensäure (oder Thymol)

Ende Juli, Anfang August werden alle Völker nach der ersten Futtergabe mit Ameisensäure oder Thymol (Thymovar) behandelt.

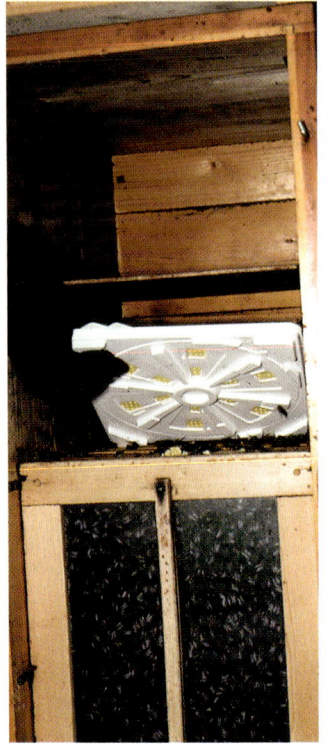

Abb. 118
**Thymolbehandlung**
Anstelle von Ameisensäure kann auch Thymol als Wirkstoff eingesetzt werden (Thymovar). Gebrauchsanleitung beachten! Diese Völker überwintern auf drei Langstroth-Flachzargen. Das Thymovar-Schwammtuch wird zwischen die zweite und dritte Zarge eingelegt.

Abb. 119
**Ameisensäuredispenser**
Dieses Dosiergerät (Langzeitverdunster) wurde vom Zentrum für Bienenforschung Liebefeld entwickelt. Es wird direkt auf die Brutwaben gelegt. Die Deckbrettchen werden auf die Tragschienen des ersten Honigraumes gelegt. Der Honigraum bleibt als „Pufferzone" für das Volk offen und wird hinten mit einem Fensterchen abgeschlossen. Im Handel sind auch andere Dosiergeräte erhältlich. Die Gebrauchsanleitungen müssen genau eingehalten werden.

## Massnahmen bei Krankheiten

### Zweite Langzeitbehandlung Mitte September
Fällt bei der natürlichen Milbenkontrolle Anfang September mehr als eine Milbe pro Tag auf die Unterlage, so ist eine zweite Langzeitbehandlung mit Ameisensäure oder mit Thymol ab Mitte September erforderlich.

### Oxalsäurebehandlung
Eine Sprüh- oder Träufelbehandlung mit Oxalsäure ist im November durchzuführen, sobald die Völker brutfrei sind.

### Pflegerische Massnahmen
Im Konzept der alternativen Varroabekämpfung werden auch *pflegerische Massnahmen* flankierend eingesetzt:
Varroen reduzieren im Mai–Juni. Wenn die Drohnenbrutwabe 1 bis 2 Mal ausgeschnitten wird, kann damit ungefähr die Hälfte der Varroamilben entfernt werden.
Ein Ableger, der aus drei Waben mit verdeckelter Brut gebildet wird, enthält ungefähr einen Drittel der Varroen.

Abb. 120
**Oxalsäure sprühen**
Die Völker müssen absolut brutfrei sein. Deshalb kann meist erst im November behandelt werden. Oxalsäure wirkt sehr gut. Bei Völkern, die mit Oxalsäure besprüht (oder beträufelt) wurden, muss die Drohnenbrut im nächsten Frühjahr nicht ausgeschnitten werden.

Abb. 121
**Drohnenbrut ausschneiden**
Die ausgeschnittene Drohnenbrut kann im Wald den Vögeln zum Auspicken oder den Ameisen und Mäusen zum Ausfressen hingelegt werden. Kleinere Mengen können auch im Sonnenwachsschmelzer ausgeschmolzen werden.

# 7 Massnahmen bei Krankheiten

## Vergiftungen

Sie erfolgen meist durch Insektizide, die in der Landwirtschaft eingesetzt werden.

**Abb. 122**
**Starker Leichenfall nach Vergiftung**
Bei Vergiftungen sind normalerweise alle Völker eines Standes und auch jene der umliegenden Stände betroffen.

*Anzeichen*
von akuten (schnell auftretenden) Vergiftungen
– Viele tote Bienen liegen plötzlich vor oder im Bienenstock.
– viele torkelnde und gelähmte Bienen

von chronischen (langsamen) Vergiftungen
– schwer erkennbar (Volk wird langsam schwächer)

*Massnahmen*
→ „Kalender des Schweizer Imkers", Abschnitt „Verdacht einer Vergiftung durch Pflanzenschutzmittel", S. 49. Inspektor benachrichtigen.

## 7.3 Erkrankungen der erwachsenen Bienen (→ Band „Biologie", S. 106–111)

**Tracheenmilbenkrankheit**
(Acariose)
Parasitenkrankheit (Tracheenmilbe, *Acarapis woodi*)

Um die Tracheenmilbe nachzuweisen, muss das erste Atmungsröhrenpaar im Brustabschnitt freigelegt und mit der Binokularlupe untersucht werden. Gesunde Tracheen sind milchig weiss, befallene dagegen haben graue oder schwarze Abschnitte.

*Anzeichen von Tracheenmilben*
– Flugunfähige Bienen krabbeln vor der Flugfront.
– Bienen haben manchmal abnormal gespreizte Flügel.

*Massnahmen*
– Volk einengen und füttern

## Massnahmen bei Krankheiten

**Nosematose**
Darmparasitenkrankheit (Nosema apis, Einzeller)
Der Parasit ist nur unter dem Mikroskop nachweisbar.
Nosematose ist oft eine Folgeerscheinung von Ruhr.

**Ruhr**
Darmüberbelastung durch ungeeignetes Winterfutter (Waldhonig oder Zuckerfutter mit hohem Maltosegehalt)

*Anzeichen von Nosematose und Ruhr*
– Ab Januar bis Ende April verkoten kranke Völker Flugbrett, Waben und Innenwände.
– Dunkelbraune, längliche Kotflecken deuten eher auf Ruhr.
– Beige, hellbraune, unförmig runde Kotflecken deuten eher auf Nosema.
– Flugunfähige Bienen
– Nosemakranke Völker werden manchmal zwischen März und Mai innert kurzer Zeit sehr schwach und können die Brut nicht mehr pflegen (= „kahlfliegen").

*Massnahme*
– Völker stark einengen, saubere Vorratswabe zuhängen
– verkotete Waben einschmelzen

Abb. 123
**Verkotete Waben**
Die formlosen, braunen Kotflecken sind Anzeichen von Ruhr oder von Nosema oder von beiden zusammen.

## 7.4 Königinbedingte Probleme (→ Band „Biologie", S. 111)

**Weisellosigkeit**
(Königin fehlt)

*Anzeichen*
– Die Bienen laufen am Flugloch unruhig suchend umher.
– Das Volk heult lang, wenn an den Kasten geklopft wird.
– Brut fehlt; *Weiseltest:* Eine Wabe mit jüngster Brut wird zugehängt. Nach drei Tagen sind beim weisellosen Volk Nachschaffungszellen vorhanden.

*Massnahmen*
Junge, begattete Königin zusetzen (→ Band „Königinnenzucht", S. 42 f.). Ist das Volk schwach, wird es abseits vom Stand abgewischt.

# 7 Massnahmen bei Krankheiten

## Buckelbrut
(Drohnenbrütigkeit)
Buckelbrut entsteht, wenn eine Königin nur noch unbefruchtete Eier ablegen kann oder wenn nach längerer Weisellosigkeit Arbeiterinnen Eier legen (= Afterköniginnen).

### Massnahmen
Buckelbrütige Völker abseits vom Stand abwischen

Abb. 124
**Buckelbrut**
In den Arbeiterinnenzellen wachsen aus unbefruchteten Eiern nur Drohnen heran, die in diesen Zellen zu wenig Platz haben. Die Zellen werden von den Brutpflegebienen nach aussen verlängert und „bucklig" verdeckelt. Die Bienen haben als „Rettungsversuch" sogar Weiselzellen errichtet. Doch auch daraus werden nur Drohnen schlüpfen.

Abb. 125
**Eier von Afterköniginnen**
Typisches Zeichen von Eier legenden Afterköniginnen sind die häufchenweise und unregelmässig abgelegten Eier, die meist am Zellrand und nicht in der Mitte des Zellbodens haften. Aus diesen Eiern entstehen nur Drohnen. Einzig die Kapbiene *(Apis mellifera capensis)* vermag aus unbefruchteten Arbeiterinneneiern vollwertige Königinnen nachzuziehen (→ Band „Natur- und Kulturgeschichte", S. 18).

## Wachsmotten
(→ Kap. 6: Waben und Wachs, S. 99 f.)
(→ Band „Biologie", S. 112–113)

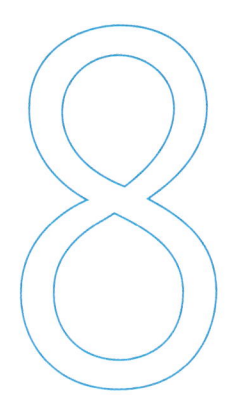

# 8 Organisationen im Dienste der Bienenzucht

Hansjörg Rüegg

Imkerinnen und Imker haben sich fast überall auf der Welt zu Vereinen zusammengeschlossen, einerseits um sich gegenseitig zu helfen und fortzubilden, andererseits um ihre Interessen auf politischer, wirtschaftlicher und juristischer Ebene besser wahrnehmen zu können. Ein grosser Teil dieser Vereinsarbeiten erfolgt ehrenamtlich.

Abb. 126
**Apimondia**
1995 organisierte der Verband der Schweizerischen Bienenzüchtervereine (VSBV) den 34. Internationalen Bienenzüchterkongress der Apimondia in Lausanne. In der Eingangshalle schwebte eine riesengrosse Biene, die „Happy Bee", das Wahrzeichen des Kongresses. Apimondia-Kongresse finden alle zwei Jahre statt.

Abb. 127
**Imkerei-Ausstellung**
Viele Imkervereine leisten mit Ausstellungen, Informationsständen und Lehrbienenständen wichtige Öffentlichkeitsarbeit und ermöglichen sich selbst geselliges Beisammensein.

115

# 8 Organisationen im Dienste der Bienenzucht

## 8.1 Übersicht

**Apimondia** (Internationaler Verband der Bienenzüchtervereinigungen)
Zentralsitz und ständiges Sekretariat in Rom. Verlag, Übersetzungsdienst und Druckerei in Bukarest, Rumänien. Alle zwei Jahre Apimondia-Weltkongress. Förderung und Entwicklung der Weltbienenzucht durch wissenschaftliche Symposien. Ständige Kommissionen für Bienenwirtschaft, Biologie, Pathologie, Nektarflora und Bestäubung, Technologie und Imkereigeräte.

**Verband der Schweizerischen Bienenzüchtervereine (VSBV)**
Koordination der Arbeit der drei Mitgliedervereine VDRB, SAR und STA. Wahrung der gemeinsamen Interessen, Kontakt zu Politik und Wirtschaft. Mitglied der Apimondia.

**Société d'Apiculture romande (SAR)**
Rund 3500 Mitglieder mit 50 000 Völkern
47 Sektionen
7 Kantonalverbände
Beratung und Zuchtwesen der französischsprachigen Schweiz, Herausgabe der „Revue Suisse d'Apiculture", Bibliothek, Standtaxierung, Versicherung, Honigkontrolle.

**Società ticinese di Apicoltura (STA)**
Rund 600 Mitglieder mit 15 000 Völkern
10 Sektionen
Beratung, Honigkontrolle, Bibliothek, Herausgabe der „L'Ape".

**Verband deutschschweizerischer und rätoromanischer Bienenfreunde (VDRB)**
17 000 Imker mit 190 000 Völkern
143 Sektionen
11 Kantonal- oder Regionalverbände
Interessenvereine: Verein Schweizer Wanderimker, Schweizerische Carnicaimker-Vereinigung, Verein Schweizerischer Mellifera Bienenfreunde, Schweizerische Pollenimkervereinigung, Arbeitsgruppe naturgemässe Imkerei.

**Zentrum für Bienenforschung**
Abteilung der Forschungsanstalt FAM in Bern-Liebefeld
Forschungsprojekte, Aus- und Weiterbildungskurse für Bienenzuchtberater, Honigprüfer und Bieneninspektoren (→ Band „Natur- und Kulturgeschichte", S. 106–108).

**Bundesamt für Landwirtschaft (BLW)**
Finanzielle Beiträge an Aus- und Weiterbildung der Berater und Kursleiter

**Bundesamt für Veterinärwesen (BVET)**
Gesetzliche Bestimmungen zur Bekämpfung der Bienenkrankheiten

**Bundesamt für Gesundheitswesen (BAG)**
Vorschriften über Bienenprodukte, Produktekontrolle

## 8.2 Tätigkeiten des VDRB

### Bildung

*Aus- und Fortbildung des Kaders*
In jeder Sektion gibt es eine Beraterin oder einen Berater und einen Königinnenzuchtkursleiter. Sie geben ihre Kenntnisse den Mitgliedern weiter und werden regelmässig aus- und weitergebildet, meist in Zusammenarbeit mit dem Zentrum für Bienenforschung Liebefeld.

*Verlag*
Herausgabe der Schweizerischen Bienen-Zeitung, des Kalenders des Schweizer Imkers und weiterer Fachliteratur.

*Internet*
Aktuelle Informationen auf: www.bienen.ch

*Bildungsunterlagen*
Betrieb einer Fachbibliothek in Alberswil, Ausleih und Verkauf von Filmen, Videos, Dias und didaktischem Material.

*Schau- und Lehrbienenstand*
Öffentlich zugänglicher Schau- und Lehrbienenstand bei Alberswil LU, beim Landwirtschaftlichen Museum.

*Bildungskommission*
Sie ist für Bildungsaufgaben zuständig.

### Honigqualität

*Honigprüfung*
Die Obleute der Honigprüfung werden durch das Zentrum für Bienenforschung Liebefeld ausgebildet. Sie geben ihr Wissen und Können an die Honigprüfer in den Vereinen weiter.

### Zucht

*Zuchtorganisation*
Um die Bienenrassen züchterisch zu verbessern, betreiben die Züchterorganisationen etwa 50 Belegstationen. Diese Tätigkeit wird vom VDRB finanziell und durch Fortbildungen unterstützt.

*Zuchtkommission*
Sie ist für Aufgaben der Zuchtorganisation zuständig.

### Administration

*Zentralvorstand*
Er berät alle zwei Monate die laufenden Geschäfte und legt der Delegiertenversammlung Rechnung, Budget und Tätigkeitsbericht vor.

*Geschäftsstelle*
Die Geschäftstelle in Winikon erledigt die administrativen Arbeiten.

*Abrechnungswesen*
Die Tätigkeit der Bienenberater wird von Bund und Kantonen unterstützt. Dazu wird jährlich eine Abrechnung erstellt.

### Erhebungen

*Rentabilitätsrechnung*
Aus Imker-Buchhaltungen werden Richtwerte über die deutschschweizerische Imkerei ermittelt.

*Apistische Stationen*
Rund 60 apistische Stationen melden monatlich Informationen über Tracht und Witterung. Diese Daten werden in der Bienen-Zeitung publiziert und ausgewertet. Die Ernteerhebungen dienen der Vereinsstatistik und den Preisempfehlungen.

### Versicherungen

Die Mitglieder sind haftpflichtversichert und erhalten bei nicht versicherbaren Schäden Entschädigungen.

# Quellen

1. Binder-Köllhofer, B. (2000): «Dampfmeister im Test». Wachsverarbeitung. Allgemeine Deutsche Imkerzeitung ADIZ, Nr. 12/2000, S. 21–24
2. Bogdanov, S.; Kilchenmann, V.; Imdorf, A. (1998): Acaricide residues in some bee products. Journal of Apicultural Research, Nr. 2/1998, S. 57–67
3. Borneck, R.; Merle, B. 1989: Essai d'une evaluation de l'incidence economique de l'abeille pollinisatrice dans l'agriculture europeenne. Apiaca, XXIV, 33–38
4. Corbet, S.A.; Williams, I.H.; Osborne, J.L. 1991: Bees and the population of crops and wild flowers in the European Community. Bee World 2/1991, 47–58
5. Dreher, Karl (2000): Zur Fütterung der Bienen. Allgemeine Deutsche Imkerzeitung (ADIZ), 10/2000, S.24–26 und Diskussion dazu: ADIZ 12/2000, S. 12; ADIZ 1/2001, S. 12
6. Gekeler, W. (1998): Monatsbetrachtung Dezember. Allgemeine Deutsche Imkerzeitung ADIZ, Nr. 12/1998, S. 4–5
7. Kober, T. und A. (2000): Kunstschwärme zur Völkervermehrung. Allgemeine Deutsche Imkerzeitung (ADIZ), Nr. 9, 10, 11, 12/2000
8. Leute, A.; Zehnder, H. (2000): Bienen und Erdstrahlen. Schweizerische Bienenzeitung, Nr. 12/2000, S. 701 und Nr. 1/2001, S. 15–16
9. Liebig, G. (1998). Die Frühjahrsreizung – Eingriff ohne Wirkung. Bienenwelt, 40(4): 98–103
10. Liebig, G. (1998): Einfach imkern. Stuttgart: Selbstverlag. S. 14–17; 10a: 15, 110
11. Liebig, G. (1999): Die Waldtracht. Stuttgart: Selbstverlag. S. 105–126
12. Liebig, G. (2000): Maisstärke, ein geeignetes Winterfutter? Allgemeine Deutsche Imkerzeitung, Nr. 7/2000, S.23–25
13. von der Ohe, W.; Schönberger, H. (2000): Futtersirup im Vergleich. Deutsches Bienen Journal, 8/2000, S.4–6
14. Pfefferle, K. (1990): Imkern mit dem Magazin und mit der Varroatose. Münstertal: Selbstverlag, S. 35–37; 14a: S. 53–58; 14b: S. 87–89; 14c: S. 134; 14d: S. 135
15. Spürgin, A. (1999): Wo stelle ich meine Bienen auf? Allgemeine Deutsche Imkerzeitung (ADIZ), Nr. 10/1999, S. 10–11
16. Tanner, K.M. (2000): Augen-Blicke. Bilder zum Landschaftswandel im Baselbiet. Liestal: Verlag des Kantons Basel-Landschaft
17. Thun, Matthias (1986): Die Biene, Haltung und Pflege. Biedenkopf: Aussaattage M.Thun Verlag. S.197–198
18. Wille, H. (1981): Ein- und Auswinterung, Gereimtes und Ungereimtes Schweizerische Bienenzeitung, Nr. 9/1981, S. 444–459
19. Wille, Hans (1983). Überlegungen zur Prüfung von Bienenfuttermitteln. Schweizerische Bienenzeitung, Nr. 4/1983, S. 166–179
20. Zentrum für Bienenforschung: Alternative Varroabekämpfung (Prospekt. Schwarzenburgstrasse 161, 3003 Bern-Liebefeld) und www.apis.admin.ch.

# Weiterführende Literatur

**Kapitel 3**
Barth, F.G. (1982): Biologie einer Begegnung. Die Partnerschaft der Insekten und Blumen. Deutsche Verlags-Anstalt, Stuttgart
Pickhardt, A. und Fluri, P. (2000): Die Bestäubung der Blütenpflanzen durch Bienen. Biologie, Oekologie, Oekonomie. Liebefeld: Zentrum für Bienenforschung. Mitteilung Nr. 38

**Kapitel 2, 4, 5 und 6**
Gettert, L. (1991): Mein Bienenjahr. Stuttgart: Ulmer
Grout, R. A., Ruttner, F. (1973). Beute und Biene. München: Ehrenwirth
Kiess, K. (1998): Bauanleitung für das Zander-Magazin. Lindenberg: Selbstverlag
Kloft, W.; Maurizio, A.; Kaeser (1985): Waldtracht und Waldhonig in der Imkerei. München: Ehrenwirth
Lampeitl, F. (1987): Ertragreich imkern. Stuttgart: Ulmer
Lehnherr, B. (1990): Nektar- und Pollenpflanzen. Fachschriften VDRB
Lehnherr, M. (2000): Imkerbuch. Basel: Aristaios-Verlag
Liebig, G. (1998): Einfach imkern. Stuttgart: Selbstverlag
Liebig, G. (1999): Die Waldtracht. Stuttgart: Selbstverlag
Lorenz, H.: Bauanleitung für das Langstroth-Magazin. Ehrenwirth
Maurizio, A.; Schaper, F. (1998): Das Trachtpflanzenbuch. Ehrenwirth
Moosbeckhofer, R.; Ulz, J. (1991): Der erfolgreiche Imker. Graz: Leopold Stocker Verlag
Pfefferle, K. (1990): Imkern mit dem Magazin und mit der Varroatose. Münstertal: Selbstverlag

**Kapitel 6 und 7**
Charrière, J.-D., Imdorf, A. (1997): Schutz der Waben vor Mottenschäden. Mitteilungen Nr. 24. Liebefeld: Zentrum für Bienenforschung
Charrière, J.-D., Hurst J., Imdorf A., Fluri P. (1999): Bienenvergiftungen. Mitteilungen Nr. 36. Liebefeld: Zentrum für Bienenforschung
Pohl, F. (1995): Bienenkrankheiten. Berlin: Deutscher Landwirtschaftsverlag
Ritter, W. (1996): Diagnostik und Bekämpfung der Bienenkrankheiten. Stuttgart: Gustav Fischer Verlag
Zander, E. (begr.), Böttcher, F. K. (Hrsg.) (1984): Krankheiten der Biene. Stuttgart: Ulmer

**Zeitschriften**
Schweizerische Bienen-Zeitung. Verein deutschschweizerischer und rätoromanischer Bienenfreunde. Redaktion: Krattigstrasse 55, 3700 Spiez
Revue Suisse d'Apiculture. Société d'Apiculture Romande. Rédaction R.Fauchère, 1983 Evolène
L'Ape, Società ticinese di apicoltura. Redattore: L. Cortesi, via Retica 6, 6532 Castione
Allgemeine Deutsche Imkerzeitung ADIZ. Deutscher Landwirtschaftsverlag Berlin. Gürtelstrasse 29a–30, 10247 Berlin
Deutsches Bienen-Journal. Postfach 318, 10108 Berlin
Bienenvater. Österreichischer Imkerbund, Georg-Coch-Platz 3711a, 1010 Wien

# Register

## A
Abdeckelungswachs 58, 94
Ableger 18, 69, 80
Ableger, -bildung 10, 12, 18, 45, 52, 69, 80
Ablegerkasten 52, 80
Absperrgitter 52, 80, 83
Achroea grisella 99
Afterköniginnen 114
alternative Varroabekämpfung 111
Altwaben 45, 75, 76, 94, 95
Ameisensäurebehandlung 53, 60, 100, 109, 110
Anfänger-Set 26
Apimondia 115, 116
Arbeitskalender 36
Aufbau 45, 67, 78
Auswinterung 38

## B
Bacillus thuringiensis 101
Baupläne 25, 118
Baurahmen 68, 94
Bautrieb 45
Befruchtung 30
Bergtracht 87, 89
Bergtrachtimker 44
Berufsimkerei 14
Bestäuberinsekten 32
Bestäubung 29, 30, 34
Bienenberater, -beraterin 14
    Bienenbürste 27
    Bienendichte 32, 88
    Bienenfluchten 83, 84
    Bienenhaus 8, 13, 15, 19
    Bienenrasse 65
    Bienenstand 9, 13, 15, 17, 20
    Bienentee 62
    Bienentränke 38, 41
    Bienentrichter 28
Bio-Imkerei 65
Blatt- oder Waldhonig 59, 60
Blütenhonig 60
blütenstet 29, 31
Bodenunterlagen 39
Bösartige Faulbrut 104
Brutkrankheiten 104
Buckelbrut 114
Buntbrache 59

## D
Dadant-Kasten 7, 11, 24, 73, 76, 77, 79, 86
Deutsch-Normalmass 24
Doppelbeute 15
Dörrobstmotte 99

Drohnenbrut 111
Drohnenwabe 42, 44, 66, 67, 68, 77

## E
einengen 42, 43, 66, 75, 76
einlogieren 55, 82
Einwinterung 63
Entdeckelungsgeräte 57, 58
Erdstrahlen 17
Erntegeräte 28, 56, 58
erweitern 46, 53, 67, 68, 79
Essigsäure 100

## F
Fensterwabe 67, 74
Fernstand-Imker 46, 47, 67
Feuerbrand 91
Fleischvolk 49, 80
Flugling 52, 81
Freistand 19, 20
Fremdbestäubung 29
Frühjahreskontrolle 42, 44, 76
Frühtracht 56, 87, 88
Frühtrachthonigernte 56, 70, 82, 83
Frühtrachtimker 44
Futterausgleich 74
    Futtergeräte 73, 85
    Futterkontrolle 74, 77, 86
    Futtermangel 40, 92
    Futtersirup 62
    Futtertasche 59
    Futterteig 43, 59, 85
    Futtertrog 85
    Fütterung 55, 61, 65, 73, 85
    Futterverbrauch 43
    Futtervorrat 43, 62, 74, 92
    Futterwabe (→ Vorratswabe)

## G
Galleria mellonella 99
Gemüll 38
gesunde Brut 103
Gitterboden 39, 92
Grundausbildungskurs 14
Gutartige Faulbrut 105

## H
Heimstand-Imker 46
Herbstkontrolle 60, 71, 83
Herbsttracht 75
Honigbehandlung 58
    Honigernte 56, 58, 70, 71, 72, 82, 83
    Honigraum aufsetzen 68

Honigtau 60
    Honigwaben 60, 71, 82, 83, 94, 100
    Honigwasser 58, 59
Hungerschwarm 54

## I
Imkervereine 14, 115
Imkerwerkzeuge 26
instrumentelle Besamung 65

## J
Jungköniginnen 56
Jungvolkbildung 49, 50
    Jungvölker 10, 44, 49, 88
    Jungvolkpflege 53
    Jungvolkstand 50, 52, 53
    Jungwaben 47, 68, 79, 80

## K
Kalender des Schweizer Imkers 18
Kalkbrut 62, 106
Königinnenableger 52
Königinnenzusetzer 51
Kontrollwabe 55, 56
Kotflecken 39, 113
Krankheiten 42, 65, 103
künstliche Vermehrung 49, 69, 80
Kunstschwarmbildung 10, 50, 51

## L
Lagerraum 17
Langstroth-Magazin 24
Langzeitbehandlung 109
Leerrahmen 77
Löttrafo 27

## M
Magazin 18, 19, 21, 23, 25, 26, 36, 76, 90
    Magazinstand 15, 17
    Magazintypen 24
Maische 59
Maisstärke 62
Mäusegitter 63
Milbentotenfall 109
Milchsäure 53
Mittelwände 50, 51, 66, 70, 79, 80, 82, 93
    Mittelwände einlöten 64
    Mittelwände giessen 97
Muttervölker 47, 52, 56

## N
Nachbarrecht 18
Nachschaffungszellen 55

## Register

Nachschwarm 54
natürliche Vermehrung 53, 70, 82
Nebenberufsimkerei 14
Nektar- und Pollenangebot 16
Nosema, Nosematose 39, 113
Nutzpflanzen 31, 33

**O**
ökonomischer Wert 32, 33
Ökotypen 65
Oxalsäurebehandlung 53, 111

**P**
package bees 51
Paradichlorbenzol 100
Perizinbehandlung 53
Pollenfallen 9
Pollenflug 40
Prognose der Tannentracht 89
Putztrieb 39, 106

**R**
Radialschleuder 28
Rahmen drahten 64
Rahmen reinigen 95
Räuberei 60, 61, 72
Raucher 26
reifer Honig 56
Reinigungsflug 38, 39
Reinigungskrücke 26
reizen, Reizfütterung 46, 67, 78
Richtpreise 18
Ruhr 39, 75, 113

**S**
Sackbrut 107
Sauerbrut 105
Saugling 69, 80
Scheinschwarm 54
Schiebeboden 22
schleudern 58
Schleuderraum 9, 20, 56
schröpfen 49
„Schrotschuss"-Wabe 103
schwache Völker 44
Schwarm 18, 70, 82
    Schwarm einfangen 55
    Schwarm einlogieren 70
    Schwarmbarometer 68
    schwarmfördernde Faktoren 47
    schwarmhemmende Faktoren 47
    Schwarmkiste 50, 51, 54, 55, 82
    Schwarmköniginnen 54
    Schwarmkontrolle 48, 79
    Schwarmtrieb 47, 48
    Schwarmzeit 47, 49
    Schwarmzelle 48, 50, 53, 54

Schwefelbehandlung 101
Schweizerische Bienenzeitung 14, 118
Schweizerkasten 7, 9, 19, 20, 21, 22, 26, 36, 66
selbstbefruchtend 32
Selektion 41
Singerschwarm 54
Sommerbienen 60
    Sommerblütenhonig 60
    Sommertracht 50, 60, 89
    Sommertrachternte 60, 71, 72, 83
Sonnenwachsschmelzer 96
Spättracht 75
Spechtschutz 63
Speckkäfer 99
Spielnäpfchen 48
Sprengel, Christian Conrad 30
Standort 8, 9, 11, 16, 17, 18, 65
Standortimkerei 7
Staubgefässen 30
Stockkarten 38, 41
Stockmeissel 27
Stocknässe 43
Stossprobe 70
Streichholzprobe 104

**T**
Tangetialschleuder 28
Thymolbehandlung 53, 110
Tracheenmilbe (Acariose) 40, 112
Tracht 8, 12, 16, 32, 50, 56, 59, 60, 75, 87, 88, 89, 92

**U**
Überverproviantierung 43
Überwinterung 88
umstellen 68
umweiseln 62

**V**
Varroa, Varroatose 36, 65, 108
Varroa-Diagnosegitter 9
Varroabefall 62
Varroabehandlung 53, 108
Varroakontrolle 60
Verband der Schweizerischen Bienenzüchter-
    vereine (VSBV) 116
vereinigen 44, 61, 62, 66, 75, 77, 86
Vergiftungen 112
verkotete Waben 45
Vermehrung 47, 54
Versandkäfig USA 51
Volksentwicklung 45, 46, 88
Vorratswabe, Futterwabe 43, 44, 45, 52, 59, 66, 67, 75, 78, 94, 100
Vorschwarm 54

**W**
Waben (→ Alt-, Drohnen-, Honig-, Jung-, Vorratswaben) 93, 94
    Waben ausschneiden 95
    Waben aussortieren 45
    Waben umarbeiten 95
    Wabenbau 43, 45, 67, 78
    Wabenbau-Umstellung 68, 71
    Wabendraht 27
    Wabenknecht 26
    Wabenschrank 99, 100
    Wabenschutz 98, 100
    Wabenzange 21, 26
Wachs 93, 94
    Wachskreislauf 93
    Wachsmotten 65, 99
    Wachsplättchen 39
    Wachsrückstände 95, 98
    Wachsschmelzgeräte 95
Waldhonig 75, 113
Waldtracht 60
Waldtrachtimker 44
Wanderbeuten 90
Wanderhilfe 91
Wanderimkerei 8
Wandernische 92
Wanderplan 88
Wanderplatz 92
Wanderstände 87, 90
Wanderung 16, 50, 87, 88, 91, 92
Wanderverbot 91
Weidenblüte 42
Weiselkontrolle (Weiseltest) 52, 55
weisellose Völker 40, 44, 61, 78, 113
Weiselnäpfchen 48
Weiselzellen 48
Weisstannentracht 89, 92
Winterbienen 38, 60
Winterfutter 43, 62
Winterkontrollen 63
Wintersitz 75
Wintertraube 74
Winterunterlagen 38

**Z**
Zandermagazin 17, 23, 24
Zargen 23
Zeitaufwand 15
Zentrum für Bienenforschung 116
Zuchtkönigin 52, 53, 54
Zuckerkristalle 39
Zuckerwasser 43, 59, 61, 62
Zwischenableger 81
Zwischentrachtpflege 59, 88